GESTÃO DA QUALIDADE
ISO 9001:2015

O GEN | Grupo Editorial Nacional – maior plataforma editorial brasileira no segmento científico, técnico e profissional – publica conteúdos nas áreas de ciências sociais aplicadas, exatas, humanas, jurídicas e da saúde, além de prover serviços direcionados à educação continuada e à preparação para concursos.

As editoras que integram o GEN, das mais respeitadas no mercado editorial, construíram catálogos inigualáveis, com obras decisivas para a formação acadêmica e o aperfeiçoamento de várias gerações de profissionais e estudantes, tendo se tornado sinônimo de qualidade e seriedade.

A missão do GEN e dos núcleos de conteúdo que o compõem é prover a melhor informação científica e distribuí-la de maneira flexível e conveniente, a preços justos, gerando benefícios e servindo a autores, docentes, livreiros, funcionários, colaboradores e acionistas.

Nosso comportamento ético incondicional e nossa responsabilidade social e ambiental são reforçados pela natureza educacional de nossa atividade e dão sustentabilidade ao crescimento contínuo e à rentabilidade do grupo.

Luiz Cesar Ribeiro Carpinetti
Mateus Cecílio Gerolamo

GESTÃO DA QUALIDADE
ISO 9001:2015

Requisitos e integração com a ISO 14001:2015

- Os autores deste livro e a editora empenharam seus melhores esforços para assegurar que as informações e os procedimentos apresentados no texto estejam em acordo com os padrões aceitos à época da publicação, *e todos os dados foram atualizados pelos autores até a data de fechamento do livro.* Entretanto, tendo em conta a evolução das ciências, as atualizações legislativas, as mudanças regulamentares governamentais e o constante fluxo de novas informações sobre os temas que constam do livro, recomendamos enfaticamente que os leitores consultem sempre outras fontes fidedignas, de modo a se certificarem de que as informações contidas no texto estão corretas e de que não houve alterações nas recomendações ou na legislação regulamentadora.

- Os autores e a editora se empenharam para citar adequadamente e dar o devido crédito a todos os detentores de direitos autorais de qualquer material utilizado neste livro, dispondo-se a possíveis acertos posteriores caso, inadvertida e involuntariamente, a identificação de algum deles tenha sido omitida.

- **Atendimento ao cliente: (11) 5080-0751 | faleconosco@grupogen.com.br**

- Direitos exclusivos para a língua portuguesa
  Copyright © 2016, 2022 (4ª impressão) by
  Editora Atlas Ltda.
  Uma editora integrante do GEN | Grupo Editorial Nacional
  Travessa do Ouvidor, 11
  Rio de Janeiro – RJ – CEP 20040-040
  www.grupogen.com.br

- Reservados todos os direitos. É proibida a duplicação ou reprodução deste volume, no todo ou em parte, em quaisquer formas ou por quaisquer meios (eletrônico, mecânico, gravação, fotocópia, distribuição pela Internet ou outros), sem permissão, por escrito, da Editora Atlas Ltda.

- Capa: Monnerat

- Projeto Gráfico e Editoração Eletrônica: Lino Jato Editoração e Bureau

- Ficha catalográfica

CIP-BRASIL. CATALOGAÇÃO NA PUBLICAÇÃO
SINDICATO NACIONAL DOS EDITORES DE LIVROS, RJ

C298g

Carpinetti, Luiz Cesar Ribeiro
Gestão da qualidade ISO 9001:2015 : requisitos e integração com a ISO 14001:2015 / Luiz Cesar Ribeiro Carpinetti ; Mateus Cecílio Gerolamo. – 1. ed. – [4. Reimpr.]. – São Paulo : Atlas, 2022.
204 p. : il. ; 23 cm.

Inclui bibliografia
ISBN 978-85-97-00644-5

1. Gestão da qualidade total. 2. ISO 9000. 3. Logística empresarial - Administração. 4. Produtividade industrial. I. Gerolamo, Mateus Cecílio. II. Título.

16-31556	CDD: 658.562
	CDU: 005.6

Material Suplementar

Este livro conta com os seguintes materiais suplementares:

- Planilha para diagnóstico de Sistema de Gestão da Qualidade (para todos);
- Ilustrações da obra em formato de apresentação (para todos).

O acesso ao material suplementar é gratuito. Basta que o leitor se cadastre e faça seu *login* em nosso *site* (www.grupogen.com.br), clicando em GEN-IO, no *menu* superior do lado direito.

O acesso ao material suplementar online fica disponível até seis meses após a edição do livro ser retirada do mercado.

Caso haja alguma mudança no sistema ou dificuldade de acesso, entre em contato conosco (gendigital@grupogen.com.br).

genio
GEN | Informação Online

GEN-IO (GEN | Informação Online) é o ambiente virtual de aprendizagem do GEN | Grupo Editorial Nacional

Sumário

Introdução, 1

1 **A Evolução do Conceito e da Prática da Gestão da Qualidade**, 9
    1.1 O conceito da qualidade, 9
    1.2 A prática de gestão da qualidade, 12
    1.3 As normas da série ISO 9000, 14
    1.4 Mudanças principais na edição ISO 9001:2015, 19

2 **Visão Geral do Sistema da Qualidade ISO 9001:2015**, 22
    2.1 Princípios de gestão da ISO 9001:2015, 22
    2.2 Requisitos de gestão da qualidade da ISO 9001:2015, 34
    2.3 Certificação de sistema da qualidade ISO 9001, 39

3 **Processo de Implementação de um Sistema de Gestão da Qualidade**, 46
    3.1 Implementação do sistema de gestão da qualidade, 46
    3.2 Cronograma físico de implementação do sistema de gestão da qualidade, 51

4 **Contexto da Organização**, 53
    4.1 Entendendo a organização e seu contexto, 53
    4.2 Entendendo as necessidades e expectativas das partes interessadas, 55
    4.3 Determinando o escopo do sistema de gestão da qualidade, 58
    4.4 Sistema de gestão da qualidade e seus processos, 59

5 **Liderança**, 62
    5.1 Liderança e comprometimento, 62
        5.1.1 Liderança e comprometimento com o sistema de gestão da qualidade, 62
        5.1.2 Foco no cliente, 64
        5.1.3 Por que liderança é importante e como liderar?, 65
    5.2 Política da qualidade, 67
    5.3 Papéis organizacionais, responsabilidades e autoridades, 69

6 **Planejamento, 70**

    6.1 Ações para abordagem de riscos e oportunidades, 70

    6.2 Objetivos da qualidade e planos para atingi-los, 72

    6.3 Planejamento de mudanças, 77

7 **Suporte, 78**

    7.1 Recursos, 79

        7.1.1 Considerações gerais, 79

        7.1.2 Pessoas, 79

        7.1.3 Infraestrutura, 79

        7.1.4 Ambiente para operação dos processos, 81

        7.1.5 Recursos de monitoramento e medição, 84

        7.1.6 Conhecimento organizacional, 87

    7.2 Competência, 89

    7.3 Conscientização, 92

    7.4 Comunicação, 92

    7.5 Informação documentada, 93

        7.5.1 Considerações gerais, 93

        7.5.2 Criação e atualização de informação documentada, 96

        7.5.3 Controle de informação documentada, 98

8 **Operação, 103**

    8.1 Planejamento e controle da operação, 104

    8.2 Requisitos de produtos e serviços, 107

        8.2.1 Comunicação com o cliente, 108

        8.2.2 Determinação de requisitos de produtos e serviços, 109

        8.2.3 Análise crítica dos requisitos de produtos e serviços, 109

    8.3 Projeto e desenvolvimento de produtos e serviços, 110

        8.3.1 Considerações gerais, 110

        8.3.2 Planejamento do projeto e desenvolvimento, 112

        8.3.3 Entradas de projeto e desenvolvimento, 113

        8.3.4 Controles de projeto e desenvolvimento, 114

        8.3.5 Saídas de projeto e desenvolvimento, 115

        8.3.6 Alterações de projeto e desenvolvimento, 116

    8.4 Controle de processos, produtos e serviços adquiridos externamente, 116

        8.4.1 Visão geral, 116

        8.4.2 Tipo e extensão do controle, 117

        8.4.3 Informações para os fornecedores, 122

8.5 Produção e fornecimento de serviço, 123

    8.5.1 Controle de produção e fornecimento de serviço, 125

    8.5.2 Identificação e rastreabilidade, 127

    8.5.3 Propriedade do cliente ou do fornecedor, 128

    8.5.4 Preservação, 128

    8.5.5 Atividades pós-entrega, 128

    8.5.6 Controle de mudanças, 130

8.6 Liberação de produtos e serviços, 130

8.7 Controle de resultados não conformes, 130

9 Avaliação de Desempenho, 133

9.1 Monitoramento, medição, análise e avaliação, 133

    9.1.1 Visão geral, 133

    9.1.2 Satisfação do cliente, 136

    9.1.3 Análise e avaliação, 138

9.2 Auditoria interna, 138

9.3 Análise crítica, 141

    9.3.1 Visão geral, 141

    9.3.2 Entradas para a análise crítica, 143

    9.3.3 Saídas da análise crítica, 143

10 Melhoria, 144

10.1 Visão geral, 144

10.2 Não conformidade e ação corretiva, 145

10.3 Melhoria contínua, 147

11 Integração da ISO 9001:2015 com a ISO 14001:2015, 148

11.1 Antecedentes históricos e contexto mundial da gestão ambiental, 148

11.2 Práticas de gestão ambiental em manufatura, 153

11.3 Requisitos do sistema de gestão ambiental ISO 14001:2015, 158

    11.3.1 Requisitos da cláusula 4 da ISO 14001:2015, 159

    11.3.2 Requisitos da cláusula 5 da ISO 14001:2015, 160

    11.3.3 Requisitos da cláusula 6 da ISO 14001:2015, 161

    11.3.4 Requisitos da cláusula 7 da ISO 14001:2015, 163

    11.3.5 Requisitos da cláusula 8 da ISO 14001:2015, 164

    11.3.6 Requisitos das cláusulas 9 e 10 da ISO 14001:2015, 165

11.4 Integração da ISO 9001:2015 com a ISO 14001:2015, 166

Referências, 175

Introdução

Segundo pesquisa feita pela ISO[1] (*International Organization for Standardization*), em dezembro de 2014 existiam 1.138.155 certificados ISO 9001, distribuídos por países dos cinco continentes. Essa mesma pesquisa também demonstra um crescimento no número de outros certificados de gestão, como o ISO 14001, de gestão ambiental. No Brasil, segundo informações disponíveis no *site* do CB 25[2] (o comitê da ABNT responsável pelas normas da série ISO 9000 no Brasil), de 2001 a 2015 foram emitidos 39.282 certificados ISO 9001. Essas estatísticas certamente demonstram a importância assumida mundialmente pelos certificados de sistemas de gestão e, em particular, pelo certificado da qualidade ISO 9001. Ainda que existam críticas quanto à eficácia das certificações, algumas mais fortes como uma desconfiança de haver uma "indústria de certificação", é perceptível a contribuição da implementação de sistemas de gestão para a capacitação das empresas para gerenciar o atendimento de requisitos da qualidade e outros requisitos de clientes. Em muitos segmentos industriais, como é o caso da indústria automotiva e de linha branca, um dos critérios para a seleção de fornecedores é a evidência de capacitação em gestão da qualidade, meio ambiente, entre outros requisitos, na maioria das vezes demonstrada por meio de certificação. No caso das pequenas e médias empresas ou organizações do terceiro setor, mesmo que não visem a uma certificação formal, o processo de implementação dos princípios e requisitos de um sistema de gestão pode auxiliá-las na melhoria de seus processos e melhor atendimento das necessidades de seus clientes.

Mas por que os sistemas de gestão, em particular gestão da qualidade, tornaram-se tão importantes? Os conceitos e as práticas de gestão da qualidade evoluíram nas últimas décadas de tal modo que a gestão da qualidade pode ser entendida como uma estratégia competitiva cujo objetivo principal se divide em duas partes: conquistar mercados e reduzir desperdícios. Para conquistar mercados, é preciso atender aos requisitos dos clientes. O raciocínio é simples: clientes satisfeitos representam faturamento, boa reputação, novos pedidos, resultados para

---

[1] Disponível em: <http://www.iso.org/iso/iso-survey>.

[2] Disponível em: <http://abntcb25.com.br/informacoes/certificacao-iso-9000/>.

a empresa, empregos e remuneração para os funcionários. Ao contrário, cliente insatisfeito pode resultar em má reputação, dificuldade de conseguir novos pedidos, perda de faturamento e dificuldade de se manter no negócio.

Portanto, é uma estratégia de diferenciação baseada no atendimento das expectativas dos clientes. Os requisitos dos clientes são variados e amplos, dependendo do setor e do mercado de atuação da empresa, mas, de um modo geral, correspondem a uma combinação de: qualidade do produto ou serviço, prazo de entrega, pontualidade na entrega, boa reputação, bom atendimento, adequação ambiental e outros fatores. Além desses requisitos, o preço também é um requisito importante. O preço de aquisição é, em muitos casos, o único requisito que pode ser completamente avaliado no ato da compra. Ainda que em alguns casos o cliente esteja disposto a pagar mais por perceber maior benefício, de um modo geral, o preço será o critério de desempate: ganha quem atender os requisitos pelo menor preço praticado.

Portanto, aqui entra a segunda parte do objetivo da gestão da qualidade: melhorar a eficiência do negócio, reduzindo os custos da não qualidade e outros desperdícios. O raciocínio também é simples: menores desperdícios, menores custos, resultados positivos para a empresa, mais competitividade, maiores chances de manter e conquistar mercados. Ou seja, a gestão da qualidade também é importante para dar suporte a uma estratégia de redução de custos.

A gestão da qualidade pode, assim, ser utilizada pelas organizações como uma alavanca à sua estratégia competitiva de conquistar mercados e reduzir desperdícios. Apesar de os objetivos da gestão da qualidade serem muito claros, eles não são fáceis de serem alcançados. Ao contrário, é muito comum as empresas falharem no atendimento dos requisitos dos clientes e terem de contabilizar desperdícios que poderiam ser evitados. Além disso, os gestores precisam aprender a lidar com os conflitos existentes entre a busca de satisfação dos clientes e a pressão pela redução de custos e preços, muitas vezes em prejuízo do atendimento dos clientes. É preciso compreender quais abordagens da qualidade serão prioritárias em cada momento: quando devo priorizar as necessidades e desejos dos usuários e os atributos nos meus produtos? Ou quando devo focar na conformidade às especificações? Ou na redução de custos?

Nos últimos anos, empresas consideradas *benchmarks* mundiais em gestão da qualidade apresentaram problemas. Recentemente, a Toyota fez grandes *recalls*, surpreendendo o mercado consumidor. Ela precisou revisar suas práticas de segurança após uma avalanche de *recalls* decorrente de uma aceleração não intencional em seus veículos, que gerou uma penalidade criminal de US$ 1,2 bilhão, a maior em toda a história dos fabricantes de veículos nos Estados Unidos. Além de multas, precisa-se contabilizar também os gastos com os reparos e danos à reputação e à imagem.

Esses fatos são evidências de que erros e desperdícios podem acontecer. Então, o que se pode fazer para minimizar essas ocorrências? O propósito de um sistema de gestão da qualidade é justamente criar atividades de gestão da produção que contribuam para evitar a ocorrência de casos de não atendimento de requisitos dos clientes (não conformidades), contribuindo assim para o bom atendimento e também para a redução de desperdícios.

No entanto, a colocação em prática dessas atividades de gestão de forma eficaz, para que cumpram esses propósitos de redução da ocorrência de não atendimentos de requisitos e redução de desperdícios, depende de um conjunto de fatores, como pré-requisitos. Em primeiro lugar, é fundamental que haja liderança e total comprometimento de todos com esses propósitos. A alta gerência da empresa deve liderar e criar uma cultura de valorização da gestão da qualidade, garantindo sua implementação, sua manutenção e sua melhoria. E para que haja de fato comprometimento de todos os envolvidos, a alta gerência precisa criar condições e dar o suporte necessário para a gestão da qualidade, disponibilizando recursos físicos e humanos necessários, conscientizando e capacitando suas pessoas, estabelecendo meios de comunicação eficazes e documentando atividades e resultados.

Como um sistema de gestão da qualidade abrange todas as atividades envolvidas na realização do produto para atendimento de pedidos, sua implementação requer um grande esforço de planejamento e revisão de progresso. Além disso, é de se esperar que num primeiro momento o sistema de gestão não consiga atingir os objetivos planejados. Ou seja, os resultados dos processos de um sistema de gestão da qualidade precisam ser periodicamente avaliados e revistos para que, com o passar do tempo, consiga-se melhorar a eficácia do sistema. Portanto, a gestão da qualidade só se completa se for estabelecido um ciclo virtuoso de medição e análise dos resultados e ações de melhoria.

As atividades de gestão estabelecidas no sistema da qualidade ISO 9001 focam exatamente nestes pontos: compreensão do contexto no qual a organização está inserida; responsabilidades da direção para liderar o processo de gestão da qualidade; planejamento de objetivos e planos de ação e revisão, suporte para as atividades de gestão da qualidade; gestão da qualidade na operação de produção, avaliação de desempenho e melhoria dos processos de gestão. Colocar em prática e gerenciar minimamente bem essas atividades é exigência para que uma empresa obtenha um certificado ISO 9001. Por serem requeridas para certificação, essas atividades de gestão são chamadas de "requisitos" do sistema de gestão.[3] Os requisitos da ISO 9001:2015 estabelecem "o que" as empresas precisam colocar em prática, mas não entram em detalhes sobre "como" colocar em prática. Essa característica faz com que o sistema de gestão da qualidade da ISO seja aplicável a qualquer organização, de manufatura ou serviço, em qualquer setor da atividade econômica.

O sistema de gestão ambiental ISO 14001, assim como outros sistemas de gestão, guarda bastante semelhança como o sistema ISO 9001. Ou seja, o propósito de um sistema de gestão ambiental é criar atividades de gestão e planos de ação que contribuam para a identificação dos aspectos ambientais da organização e redução dos impactos ambientais. Para isso, o sistema ISO 14001 estabelece, de forma muito similar ao ISO 9001, que a alta administração deve estabelecer planejamento de objetivos e planos de ação e revisão, suporte para as atividades de gestão ambiental, gestão ambiental na operação de produção, avaliação de desempenho e melhoria dos processos de gestão.

Em 1987, a ISO lançou a primeira edição das normas da série ISO 9000, baseada em experiências anteriores, especialmente a norma britânica BSI 5750. Mais tarde, em uma primeira revisão, a ISO lançou a segunda edição, em 1994. No entanto, essa segunda revisão ainda sofria críticas da comunidade empresarial. Assim, em 2000, a ISO lançou a terceira edição da norma, incorporando várias mudanças e tendo como objetivo tornar o sistema mais robusto, de modo a rebater as críticas que vinham comprometendo a credibilidade dos certificados. Com essas mudanças, os requisitos do sistema da qualidade passaram a incorporar de maneira mais objetiva e concreta alguns princípios básicos de gestão da qualidade, tais como: foco no cliente, comprometimento, melhoria contínua, capacitação de recursos humanos, gestão por processos e decisão baseada em fatos. A quarta edição da ISO 9001, lançada no final de 2008, manteve inalterado o conjunto de requisitos de gestão da qualidade. As alterações propostas apenas alteraram a redação ou o detalhamento de alguns requisitos, visando dar maior precisão ao texto e melhorar a interpretação dos requisitos.

Em 2015, a ISO lançou a quinta edição da ISO 9001. Desta vez, o comitê da ISO encarregado de revisar a norma (CT 176) propôs alterações significativas na estrutura de requisitos do sistema de gestão, além de mudanças de terminologia, como será visto nos capítulos seguintes. As alterações representam uma evolução

---

[3] O leitor deve ficar atento, pois o termo *requisito* aparece neste livro com dois significados distintos: requisitos dos clientes ou requisitos da ISO.

do sistema da qualidade, de tal forma que o sistema da qualidade ISO 9001 é tido hoje como uma referência de boas práticas em termos de gestão da qualidade para qualquer tipo e porte de organização.

Mas quem precisa de um certificado ISO 9001? Em muitos casos, o cliente exige do fornecedor o certificado ISO 9001, como evidência de capacitação para o atendimento dos requisitos da qualidade e como exigência prévia para a aquisição do produto ou serviço. Portanto, ter o certificado se torna obrigatório. Já em outras situações, os clientes, como geralmente é o caso do consumidor final, não exigem o certificado; muitas vezes nem sabem o exato significado desse certificado. Portanto, nesse segundo caso, algumas empresas entendem que o esforço e o custo de certificação não se justificam; outras aproveitam para utilizar o certificado como um diferencial e uma forma de marketing para aumentar sua credibilidade perante aos seus consumidores – empresas prestadoras de serviço, como por exemplo transportadoras ou imobiliárias, já estão utilizando esse tipo de estratégia. No entanto, mesmo que o mercado não exija um certificado, a implementação criteriosa dos processos de gestão estabelecidos nessa norma levará a empresa a conferir mais organização e padronização a suas atividades, reduzindo a chance de erros e, portanto, melhorando a eficácia e eficiência da empresa na consecução de seus objetivos, o que certamente impulsionará a competitividade do negócio.

Nesse contexto, este livro apresenta de forma didática e detalhada o sistema de gestão da qualidade ISO 9001:2015. Tem por objetivo principal contribuir para a correta interpretação dos requisitos de gestão da qualidade estabelecidos pela ISO 9001:2015. Também é objetivo deste livro apresentar as principais teorias que fundamentam os requisitos da norma e algumas técnicas que ajudam na implementação desses requisitos. Ainda que focado no sistema ISO 9001:2015, o livro apresenta em seu capítulo final uma breve descrição e discussão sobre os requisitos de gestão ambiental da ISO 14001, que também teve uma nova edição em 2015. O propósito é fornecer ao leitor uma visão geral sobre o sistema de gestão ambiental, pois as exigências de adequação ambiental, seja por exigência dos órgãos reguladores ou por requisitos da cadeia produtiva, estão cada vez mais presentes; e o número de certificações ISO 14001 também vem crescendo, como comentado no início desta introdução. E como esses sistemas de gestão apresentam grande similaridade, com várias atividades em comum, caso a empresa necessite dos dois certificados, o que não é incomum em indústrias de manufatura, é mais racional que seja implementado um único sistema, integrando os requisitos dos diferentes sistemas de gestão. Nesse caso, para a certificação dos sistemas de gestão, os organismos certificadores auditam o sistema integrado da empresa.

Portanto, é importante que o leitor tenha essa compreensão sobre possibilidades e dificuldades de integração de sistemas de gestão. E essas orientações servem também para a integração com outros sistemas de gestão, como, por exemplo, o sistema OHSAS 18001, de saúde e segurança ocupacional.

O primeiro capítulo apresenta, brevemente, a evolução do conceito e da prática da qualidade, do controle da qualidade de fabricação ao surgimento da gestão pela qualidade total (ou TQM, do inglês *Total Quality Management*). O Capítulo 1 inclui também um breve histórico da evolução das normas da série ISO 9000, destacando as alterações das últimas edições da ISO 9001. No Capítulo 2, apresenta-se uma visão geral dos requisitos da ISO 9001:2015, juntamente com uma discussão sobre o relacionamento entre os requisitos e os fundamentos de gestão da qualidade. Ainda no Capítulo 2, explicam-se em mais detalhes o significado do certificado e o processo de certificação. O Capítulo 3 apresenta uma sugestão de processo de implementação de um sistema da qualidade até a certificação. Os Capítulos 4 a 10 discutem em detalhes cada um dos requisitos da norma. Para facilitar a referência cruzada entre a ISO 9001:2015 e os tópicos deste livro, procurou-se organizar os capítulos de 4 a 10 de forma a seguir a mesma estrutura de cláusulas da ISO 9001:2015. Por exemplo, a seção 8.3 do livro corresponde à cláusula 8.3 da ISO 9001:2015. O Capítulo 11 apresenta o sistema de gestão ambiental ISO 14001:2015. Começa com uma breve introdução sobre gestão ambiental dos meios de produção. Em seguida, apresenta uma visão geral sobre os requisitos da ISO 14001:2015 e detalha requisitos específicos desta norma. O Capítulo 11 apresenta também orientações para a integração dos sistemas ISO 9001:2015 e 14001:2015.

Cabe salientar que a edição brasileira, editada pela Associação Brasileira de Normas Técnicas (ABNT), da ISO 9001:2015 recebe a nomenclatura NBR ISO 9001:2015, por ser, oficialmente, uma norma brasileira. O mesmo ocorre com a ISO 14001:2015. No entanto, neste livro citamos apenas os termos *ISO 9001:2015* ou *ISO 14001:2015*, sem fazer referência explícita às normas brasileiras. Também, em algumas partes do texto, nos referimos apenas ao sistema da qualidade ISO ou série ISO 9000, sem fazer referência específica à edição de 2015, por se tratar de comentários que independem da edição da norma. Na apresentação e discussão dos requisitos, frases começando com *"a ISO 9001:2015 estabelece que..."* e *"a organização deve..."* são usadas repetidamente. O propósito é ser fiel ao texto da norma, enfatizando a exigência de implementação das atividades de gestão que são requisitos de certificação.

A edição de 2015 da ISO 9001 traz mudanças em relação à edição de 2008. Por isso, no início dos Capítulos 4 a 10, que tratam dos requisitos do sistema, apresentamos um quadro destacando as mudanças principais. Além disso, o quadro também destaca todas as informações documentadas obrigatórias segundo a edição de 2015. Sobre as informações documentadas, o texto da norma usa as expressões:

- *"manter informação documentada"*, no caso de procedimentos, instruções, declarações ou documentos gerais;
- *"reter informação documentada"*, no caso de registros. Para ficar mais claro para o leitor, acostumado com a terminologia usada anteriormente, adotamos a expressão *manter registros*.

Além de servir como livro-texto para disciplinas que tratam sobre sistema da qualidade e integração com sistema ambiental, principalmente em cursos de engenharia de produção e administração, este livro também pode ser usado para treinamento e orientação daqueles que desejem ou necessitem implementar um sistema da qualidade em sua empresa. Sabemos que não é uma tarefa simples colocar em prática uma rotina de planejamento e ação para reduzir erros de produção. Mas as empresas que conseguem destacam-se no mercado e colhem os frutos dessa boa organização. Esperamos que nosso conhecimento acadêmico e nossas experiências práticas contribuam para a capacitação das pessoas para essa empreitada.

Quando usado em treinamento, para melhor apoiar o professor, o *site* www.grupogen.com.br disponibiliza figuras em formato de apresentação, extraídas do livro, e uma planilha para diagnóstico de Sistema de Gestão da Qualidade.

Por fim, a edição deste livro substitui o livro *Gestão da qualidade ISO 9001:2008: princípios e requisitos*, editado pela Atlas e escrito pelos mesmos autores em coautoria com Paulo Augusto Cauchick Miguel.

A Evolução do Conceito e da Prática da Gestão da Qualidade

1

O sistema da qualidade ISO 9001 fundamenta-se nos princípios de gestão da qualidade, resultado da evolução do conceito e da prática da qualidade nas últimas décadas e das contribuições dos gurus da qualidade. Este capítulo apresenta um breve histórico da evolução do conceito e da prática da qualidade, que resultou no advento da gestão pela qualidade total, e finaliza com um breve histórico das normas da série ISO 9000.

1.1 O conceito da qualidade

A gestão da qualidade evoluiu ao longo do século XX passando por quatro estágios marcantes: a inspeção do produto, o controle do processo, os sistemas de garantia da qualidade e a gestão da qualidade total ou gestão estratégica da qualidade. A gestão da qualidade total (ou TQM – *Total Quality Management*) e os sistemas de gestão da qualidade da série ISO 9000 são resultados importantes dessa evolução, que tem sido largamente adotada por inúmeras organizações no Brasil e no exterior, como parte da estratégia das empresas para ganhar ou aumentar a competitividade.

O conceito de qualidade também evoluiu ao longo das décadas. Até o início dos anos 1950, a qualidade do produto era entendida como sinônimo de perfeição técnica. Ou seja, resultado de um projeto e de fabricação que conferiam perfeição técnica ao produto, segundo a percepção do produtor. Esse entendimento de qualidade a partir da visão do produtor ficou conhecido pelo termo *product-out*. Embora muita crítica seja feita atualmente à visão *product-out*, por ela não enxergar as necessidades dos clientes, é compreensível que ela tenha funcionado bem o bastante, pelo menos durante o momento histórico do pós-Segunda Guerra Mundial, quando o mercado tinha um perfil mais comprador do que vendedor. A partir da década de 1950, com a divulgação dos trabalhos de

Joseph Juran (1990) e William Deming (1990), percebeu-se que qualidade deveria estar associada não apenas ao grau de perfeição técnica, mas também ao grau de adequação aos requisitos do cliente. Qualidade então passou a ser conceituada como satisfação do cliente quanto à adequação do produto ao uso. A ISO adota essa conceituação ao definir qualidade como "grau no qual um conjunto de características inerentes satisfaz a requisitos" (NBR ISO 9000, 2015).

Analisando-se essa definição, percebe-se que existem várias características que conferem qualidade a um produto. Como essas características ou parâmetros de qualidade do produto são muitos e de diversos tipos, para efeito de simplificação é conveniente agrupá-los em atributos de produto perceptíveis para o usuário, conforme apresentados na Tabela 1.1.

Tabela 1.1 Atributos de produto.

Desempenho técnico ou funcional:	Grau com que o produto cumpre a sua missão ou função básica.
Facilidade ou conveniência de uso:	Inclui o grau com que o produto cumpre funções secundárias que suplementam a função básica.
Disponibilidade:	Grau com que o produto se encontra disponível para uso quando requisitado (por exemplo: não está "quebrado", não se encontra em manutenção etc.)
Confiabilidade:	Probabilidade que se tem de que o produto, estando disponível, consegue realizar sua função básica sem falhar, durante um tempo predeterminado e sob determinadas condições de uso.
Mantenabilidade (ou manutenibilidade):	Facilidade de conduzir as atividades de manutenção no produto, sendo um atributo do projeto do produto.
Durabilidade:	Vida útil média do produto, considerando os pontos de vista técnico e econômico.
Conformidade:	Grau com que o produto se encontra em conformidade com as especificações de projeto.
Instalação e orientação de uso:	Orientação e facilidades disponíveis para conduzir as atividades de instalação e uso do produto.
Interface com o usuário:	Qualidade do ponto de vista ergonômico, de risco de vida e de comunicação do usuário com o produto.
Interface com o meio ambiente:	Impacto no meio ambiente durante a produção, o uso e o descarte do produto.

Continua

Estética:	Percepção do usuário sobre o produto a partir de seus órgãos sensoriais.
Qualidade percebida e imagem da marca:	Percepção do usuário sobre a qualidade do produto a partir da imagem e reputação da marca, bem como sua origem de fabricação (por exemplo: "*made in Japan*").

Fonte: Baseada em Juran (1990).

A satisfação dos clientes quanto aos atributos de um produto depende da relação entre a expectativa sobre o produto no momento da aquisição e a percepção adquirida sobre o produto no momento do consumo. Essa relação é chamada de qualidade percebida. Assim, existirá satisfação quando a percepção superar a expectativa e analogamente insatisfação quando o contrário ocorrer.

Além desses atributos, a análise da qualidade do produto tem pouco sentido prático se não for acompanhada de correspondente análise da relação entre custo e benefício. O usuário incorre em custos com o produto desde o instante da aquisição até o descarte. A soma de todos os custos de responsabilidade do usuário, durante a vida útil do produto, é chamada de custo do ciclo de vida do produto, que pode ser desdobrado em: custos de aquisição; custos de operação; custos de manutenção e reparo; e custos de descarte. O uso do critério do custo do ciclo de vida do produto coloca em evidência o desempenho ao longo da sua vida útil, uma vez que esse custo é fortemente influenciado por atributos como confiabilidade, facilidade de manutenção, durabilidade e eficiência do produto.

Outro ponto importante é que a decisão de aquisição de um produto depende não apenas de atributos intrínsecos ao produto ou da relação custo-benefício. Os clientes têm outros requisitos, como, por exemplo, requisitos relacionados à questão da entrega: prazo, pontualidade, quantidade, flexibilidade de entrega, entre outros. Esses requisitos são especialmente importantes para clientes intermediários da cadeia produtiva. Outro requisito essencial para vários produtos é o suporte técnico no pós-venda. Falhas nos processos produtivos e de gestão para realização e entrega de pedidos ou problemas no suporte pós-venda podem também causar insatisfação pelo não atendimento de requisitos extrínsecos ao produto, mas que podem igualmente impactar a decisão de compras futuras. Para diminuir a chance de não conformidades que possam levar ao não atendimento de requisitos tão variados, a gestão da qualidade deve ser total, considerando todos os processos críticos e suas respectivas atividades, o engajamento das pessoas num esforço de melhoria contínua e que esteja focado no cliente. Esse entendimento amplo sobre o conceito de qualidade fez com que a prática da qualidade evoluísse do controle da qualidade de produto para gestão da qualidade total, atribuindo um peso estratégico à função qualidade dentro das organizações.

1.2 A prática de gestão da qualidade

Até a primeira metade do século passado, a prática de gestão da qualidade era voltada para a inspeção e controle dos resultados dos processos de fabricação, para garantir a conformidade dos resultados com as especificações. Portanto, limitada ao processo de fabricação. Entretanto, nas últimas décadas, a gestão da qualidade ganhou uma nova dimensão, expandindo-se para as etapas mais a montante e a jusante do ciclo de produção, envolvendo toda a organização. Contribuiu para isso o trabalho pioneiro de Juran, que, tendo reformulado o conceito de qualidade, percebeu que a adequação do produto ao uso dependia de várias atividades (chamadas por ele de função qualidade) ao longo do ciclo produtivo de um produto, que se realizadas levariam ao que ele chamou de espiral do progresso. Uma contribuição similar foi dada por Feigenbaum (1991), que, em 1951, em seu livro célebre *Controle da qualidade total*, definiu as atividades de controle da qualidade como sendo: controle de projeto; controle de material recebido; controle de produto; estudo de processos especiais.

Portanto, Juran e Feigenbaum estabeleceram o entendimento da importância de um conjunto de atividades ao longo da cadeia produtiva para a satisfação do cliente quanto à adequação de um produto ao seu uso. Essas atividades, integradas aos processos de administração da rotina de produção, têm como propósito garantir a adequação do produto ao uso que se espera dele. Essas contribuições de Juran e Feigenbaum foram fundamentais para o surgimento, anos mais tarde, de sistemas de garantia da qualidade, que evoluíram para os atuais sistemas de gestão da qualidade.

Juran também propôs as teorias sobre a "trilogia da qualidade" e o "triplo papel dos processos". A trilogia da qualidade faz referência a um processo sistemático e iterativo de planejamento, controle e melhoria da qualidade. Sobre os processos (entendidos como conjuntos de atividades que transformam uma ou mais entradas em saídas ou resultados), Juran chamou atenção para o fato de todo processo ter um papel de cliente ou usuário (pois é cliente de processos anteriores, que fornecem suas entradas), um papel central de transformador e por último um papel de fornecedor (pois seus resultados serão fornecidos a outro processo ou usuário). Essas teorias evidenciaram a importância de gerenciar os processos para atender aos requisitos dos clientes internos da cadeia produtiva.

Assim como Juran, Deming tornou-se um dos mais reconhecidos e influentes pioneiros da qualidade, especialmente no Japão e, mais tarde, nos Estados Unidos. Convidado a proferir uma série de palestras no Japão, no início da década de 1950, Deming focou a atenção do empresariado em aspectos gerenciais e não técnicos. Ele chamava a atenção para a necessidade de mudar a cultura organizacional e os princípios de gestão de recursos humanos da época. Deming enfatizava a importância da liderança, o comprometimento, a educação e a capacitação para a qualidade. Essas ideias, que mais tarde se tornaram conhecidas como os 14 pontos de Deming, tiveram um impacto tão forte sobre o empresariado japonês que contribuíram para o surgimento do movimento da qualidade no estilo japonês, o *Total Quality Control* (TQC) (CAMPOS, 2014). O TQC japonês, divulgado, pela JUSE (sigla em inglês para União Japonesa de Cientistas e Engenheiros), preconizava que a qualidade deveria ser planejada e controlada considerando quatro aspectos: qualidade intrínseca de produto; custo; entrega; e serviços pós-venda. Portanto, já nos anos 1960 no Japão, a JUSE colocava em prática essa visão de gestão da qualidade total, incluindo todas as atividades da cadeia produtiva relacionadas ao atendimento de requisitos intrínsecos e extrínsecos ao produto.

Outra contribuição fundamental de Deming, inicialmente para o TQC japonês, foi a difusão do Ciclo PDCA como técnica de gestão. O Ciclo PDCA, originalmente proposto por Walter A. Shewart, é um método iterativo para a condução de atividades de melhoria, que consiste em quatro grandes fases: planejar (*plan*), executar (*do*), avaliar (*check*) e agir (*act*).[1] Assim como Juran com sua trilogia da qualidade, Deming chamava atenção para a importância de se melhorar continuamente a qualidade por meio de um processo iterativo de avaliação de resultados, identificação de erros e das causas dos erros, reflexão sobre ações para melhoria, planejamento e implementação dessas ações e posterior avaliação de resultados, reiniciando o ciclo. O ciclo PDCA enfatiza alguns princípios fundamentais, como decisão baseada em dados e fatos e aprendizagem a partir da avaliação dos erros.

O TQC japonês desenvolvido nos anos 1960, com as contribuições fundamentais de Juran e Deming, tornou-se referência mundial em gestão da qualidade. O desempenho da indústria japonesa a partir dos anos 1970 tornou-se um claro exemplo de como a satisfação dos clientes quanto à qualidade poderia ser usada como instrumento de vantagem competitiva e acabou impulsionando um movimento de gestão da qualidade como estratégia competitiva. Essas teorias

---

[1] Mais detalhes sobre o ciclo PDCA no Capítulo 2.

e a experiência japonesa começaram a ser difundidas no ocidente como *Total Quality Management* (TQM), ou gestão pela qualidade total.

Ou seja, essas teorias e práticas impulsionaram uma nova cultura organizacional e a uma nova forma de gerenciamento. Nessa época, Juran conceituou a gestão pela qualidade total como "[...] *o sistema de atividades dirigidas para se atingir clientes satisfeitos [delighted], empregados com responsabilidade e autoridade [empowered], maior faturamento e menor custo*". Já o Departamento de Defesa dos Estados Unidos conceituou a TQM como "[...] *atividades de melhoria contínua envolvendo todos em uma organização em um esforço totalmente integrado na direção da melhoria do desempenho em cada nível da organização. Esta melhoria de desempenho é direcionada para satisfazer objetivos como qualidade, custo, prazo, missão e objetivos.* [...] *Essas atividades são focadas no aumento da satisfação do cliente/usuário*" (GOETSCH; DAVIS, 1994).

De modo geral, as definições apresentam a TQM como uma estratégia de fazer negócios que objetiva maximizar a competitividade de uma empresa por meio de um conjunto de princípios de gestão, métodos e ferramentas de gestão da qualidade. Invariavelmente, essas definições também enfatizam que a TQM se fundamenta em princípios como foco no cliente, melhoria contínua, liderança, engajamento das pessoas, além de outros princípios (apresentados no Capítulo 2).

A partir da década de 1980, houve grande difusão dos programas da qualidade e adoção de vários métodos e ferramentas. Prêmios foram criados para difundir a cultura e práticas da qualidade. Os critérios definidos para premiação (nos estados Unidos, na Europa, no Japão) se tornaram referência de boas práticas para a gestão da qualidade. A partir dessas experiências, a ISO lançou, em 1987, a série de normas ISO 9000 e a primeira edição do sistema da qualidade ISO 9001.

1.3 As normas da série ISO 9000

Desde 1987, o Comitê Técnico da ISO responsável pelas normas da qualidade (CT-176) já lançou várias edições, com revisões das normas e diretrizes que compõem a família de normas da série ISO 9000. As principais normas da série ISO 9000 são:

- ISO 9000:2015: Sistemas de gestão da qualidade – Fundamentos e vocabulário;
- ISO 9001:2015: Sistemas de gestão da qualidade – Requisitos;

- ISO 9004:2010: Gestão para o sucesso sustentado de uma organização – uma abordagem da gestão da qualidade.

A ISO 9001:2015 é a norma principal, que apresenta os requisitos de gestão da qualidade que compõem o sistema de gestão da qualidade estabelecido como modelo pela ISO, e tem por finalidade a certificação de sistemas da qualidade segundo seus requisitos. A ISO 9000:2015 apresenta os princípios de gestão que fundamentam o sistema, além de definir os termos usados pela ISO 9001:2015. Já a ISO 9004:2010 comenta os requisitos estabelecidos pela ISO 9001:2015 e, portanto, tem por objetivo auxiliar a implementação do sistema da qualidade ISO 9001:2015.

A revisão de 2000 da ISO 9001 introduziu grandes modificações no conjunto de requisitos do sistema da qualidade anterior e no conjunto de normas da série ISO 9000. Primeiramente, o sistema da qualidade foi amplamente revisto, tendo como base os princípios da gestão da qualidade total (que serão apresentados no Capítulo 2), dando maior importância ao comprometimento da alta administração para a gestão da qualidade, à gestão de recursos e à gestão da melhoria contínua do sistema, fundamentais para a garantia da qualidade na realização do produto.

Uma primeira consequência dessa revisão foi a evolução do objetivo principal da norma, de "garantia" para "gestão", implícito nos termos usados pela ISO 9001 respectivamente nas edições anteriores e posteriores a 2000. Ou seja, o termo *garantia da qualidade* era empregado com o sentido de prover confiança às partes interessadas, especialmente aos clientes, mas também aos organismos certificadores, de que a organização garantia a qualidade visando o pleno atendimento aos requisitos. A partir da revisão de 2000, o sistema de gestão da qualidade da ISO 9001 tem um propósito claro de evidenciar aos clientes que a organização gerencia suas atividades de forma a minimizar a chance de não conformidades, e com isso maximizar a chance de os requisitos dos clientes serem atendidos, e assim garantir a qualidade do produto.

Até a revisão de 1994, os sistemas de gestão da qualidade ISO eram intitulados como "modelos para a garantia da qualidade", dando ênfase a essa ideia de prover evidências quanto ao atendimento de requisitos. No entanto, essa ênfase na garantia da qualidade acabou criando uma situação insustentável, pois algumas empresas, com o objetivo de certificação somente, tentavam demonstrar a garantia da qualidade por meio de um sistema documental, sem de fato estabelecer processos de gestão da qualidade que pudessem levar à garantia da qualidade. Assim, a alteração nas normas não foi apenas de terminologia, já que os requisitos do sistema da qualidade a partir da edição de 2000 incorporam os princípios de gestão da qualidade, como será visto nos próximos capítulos.

A partir da revisão de 2000, a ISO define apenas um modelo e certificado de sistema da qualidade, eliminando dois modelos variantes do sistema da qualidade, a saber, a ISO 9002:1994: Sistemas da qualidade – Modelo para garantia da qualidade em produção, instalação e serviços associados, e a ISO 9003:1994: Sistemas da qualidade – Modelo para garantia da qualidade em inspeção e ensaios finais. A abrangência do sistema decorre, atualmente, da abrangência das atividades realizadas pela organização. Assim, se a empresa produz um determinado produto a partir do projeto fornecido pelo cliente, o sistema da qualidade da empresa não contemplará os requisitos estabelecidos na norma para projeto de produto, pela razão óbvia de que a empresa não realiza projeto de produto. Essa alteração eliminou uma prática inapropriada que havia se tornado comum: as empresas optavam por certificar apenas uma parte do ciclo produtivo. Por exemplo, a empresa era certificada pela ISO 9002, quando na verdade deveria passar pela auditoria da ISO 9001, já que suas atividades eram mais abrangentes, ou seja, também desenvolviam produtos. Essa estratégia, adotada por várias empresas, simplificava mas ao mesmo tempo comprometia a eficácia do sistema e a credibilidade dos certificados.

Outra alteração importante a partir da revisão de 2000 foi a eliminação da necessidade de documentação de grande parte do sistema da qualidade, mantendo-se a necessidade de documentação apenas em alguns requisitos (como será visto nos próximos capítulos). Essa mudança trouxe vários benefícios. Primeiro, simplificou o projeto e principalmente a manutenção do sistema documental da qualidade, minimizando a burocracia necessária para a manutenção do sistema. Essa mudança também contemplou uma crítica que se fazia quanto à excessiva documentação gerada pelo sistema da qualidade. Com a não obrigatoriedade de documentação de grande parte dos procedimentos de gestão da qualidade, as auditorias de certificação passaram a buscar outras evidências, mais factuais, da aplicação dos requisitos da ISO 9001. Dessa forma, as empresas se viram forçadas a "tirar do papel" e de fato implementar a gestão da qualidade. Consequentemente, as auditorias de certificação se tornaram mais eficazes e os certificados começaram a recuperar a credibilidade junto ao mercado.

A ISO série 9000 oferece um conjunto de guias e normas associadas. No Brasil, o comitê da Associação Brasileira de Normas Técnicas (ABNT) responsável pelas normas da qualidade é o CB-25, que participa do comitê CT-176 da ISO e é responsável pela publicação das normas NBR ISO. A Tabela 1.2 apresenta as principais normas e diretrizes sobre gestão da qualidade, publicadas pela ABNT, conforme divulgadas no seu *site*[2] no momento da edição deste livro.

Tabela 1.2 Principais normas e diretrizes sobre gestão da qualidade.

Norma	Descrição	Publicação
ABNT NBR ISO 9000	Sistemas de gestão da qualidade – Fundamentos e vocabulário	2015
ABNT NBR ISO 9001	Sistemas de gestão da qualidade – Requisitos	2015
ABNT NBR ISO 9004	Gestão para o sucesso sustentado de uma organização – Uma abordagem da gestão da qualidade	2010
ABNT NBR ISO 10001	Gestão da Qualidade – Satisfação do cliente – Diretrizes para códigos de conduta para organizações	2013
ABNT NBR ISO 10002	Gestão da Qualidade – Satisfação de clientes – Diretrizes para o tratamento de reclamações nas organizações	2005
ABNT NBR ISO 10003	Gestão da Qualidade – Satisfação do cliente – Diretrizes para a resolução externa de litígios das organizações	2013
ABNT NBR ISO 10004	Gestão da qualidade – Satisfação do cliente – Diretrizes para monitoramento e medição	2013
ABNT NBR ISO 10005	Gestão da qualidade – Diretrizes para planos da qualidade	2007
ABNT NBR ISO 10006	Gestão da qualidade – Diretrizes para a gestão da qualidade em empreendimentos	2006
ABNT NBR ISO 10007	Gestão da qualidade – Diretrizes para a gestão de configuração	2005
ABNT NBR ISO 10008	Gestão da qualidade – Satisfação do cliente – Diretrizes para transações de comércio eletrônico de negócio-a-consumidor	2013
ABNT NBR ISO 10012	Sistemas de gestão de medição – Requisitos para o processo de medição e equipamento de medição	2004

Continua

---

[2] Disponível em: <https://www.abntcatalogo.com.br/>. Catálogo dos organismos ABNT e ISO, com palavra-chave "gestão da qualidade".

Norma	Descrição	Publicação
ABNT ISO/TR 10013	Diretrizes para a documentação de sistema de gestão da qualidade	2002
ABNT NBR ISO 10014	Gestão da Qualidade – Diretrizes para a percepção de benefícios financeiros e econômicos	2008
ABNT NBR ISO 10015	Gestão da qualidade – Diretrizes para treinamento	2001
ABNT ISO/TR 10017	Guias de técnicas estatísticas para ABNT NBR ISO 9001:2000	2005
ABNT NBR ISO 10018	Gestão da Qualidade – Diretrizes para envolvimento das pessoas e suas competências	2013
ABNT NBR ISO 10019	Diretrizes para a seleção de consultores de sistema de gestão da qualidade e uso de seus serviços	2007
ABNT NBR 15100	Sistemas de Gestão da Qualidade – Requisitos para organizações de aeronáutica, espaço e defesa	2010
ABNT NBR 15101	Sistemas de Gestão da Qualidade – Requisitos para auditoria de organizações de aeronáutica, espaço e defesa	2011
ABNT NBR 15419	Sistema de gestão da qualidade – Diretrizes para a aplicação da ABNT NBR ISO 9001:2000 nas organizações educacionais	2006
ABNT NBR ISO 19011	Diretrizes para auditorias de sistema de gestão	2012
ABNT NBR ISO/TS 16949	Sistemas de gestão da qualidade – Requisitos particulares para aplicação da ABNT NBR ISO 9001:2008 para organizações de produção automotiva e peças de reposição pertinentes	2010
ABNT NBR ISO 18091	Sistemas de Gestão da Qualidade – Diretrizes para a aplicação da ABNT NBR ISO 9001:2008 em prefeituras. Publicação	2014

Fonte: <https://www.abntcatalogo.com.br>.

1.4 Mudanças principais na edição ISO 9001:2015

Em relação à edição de 2008, a última edição, de 2015, trouxe algumas alterações importantes na estrutura de requisitos. Segundo a ISO, essa versão da ISO 9001 segue a diretriz desenvolvida pela ISO para a "estrutura de alto nível". Essa diretriz[3] (apresentada no Apêndice 2 do Anexo SL) estabelece um padrão para a sequência de cláusulas, texto e terminologia. A maior parte das cláusulas da norma (4ª em diante) detalha os requisitos do sistema. Cada um desses requisitos refere-se a um macroprocesso do sistema de gestão. E o conjunto desses requisitos compõe o modelo do sistema de gestão da qualidade proposto pela ISO. Na edição de 2008, o modelo de gestão era estruturado em cinco requisitos ou macroprocessos (cláusulas 4 a 8): sistema da qualidade; responsabilidade da direção; gestão de recursos; realização do produto; medição, análise e melhoria. Na edição de 2015, o sistema da qualidade passa a ser estruturado em sete requisitos ou macroprocessos (cláusulas 4 a 10): contexto da organização; liderança; planejamento; suporte; operação; avaliação de desempenho; e melhoria.

Apesar do maior número de cláusulas, não houve alteração significativa dos requisitos, mas sim uma adequação. O objetivo é, segundo a ISO, alinhar a estrutura de requisitos, texto e terminologia com os outros sistemas de gestão da ISO. A ISO 14001, na sua edição de 2015, também foi adequada para essa mesma estrutura de alto nível. A norma esclarece, em suas cláusulas iniciais, que a sequência estabelecida é consistente com a lógica dos processos de planejamento e gestão. A norma também enfatiza que as organizações não necessariamente precisam desenvolver um sistema de gestão com a mesma estrutura proposta pela estrutura de cláusulas da ISO 9001, mas é claro que todos os requisitos devem ser atendidos.

A edição de 2015 da ISO 9001 traz algumas mudanças de terminologia:

- o termo "produto" refere-se indistintamente a produto ou serviço;
- "Informação documentada" é usado em substituição aos termos *manual da qualidade*, *procedimentos documentados* e *registros*;
- "Ambiente de operação de processos" em substituição ao termo *ambiente de trabalho*;
- "Recursos de monitoramento e medição" em vez de *equipamentos de monitoramento e medição*;
- "Produtos e serviços providos externamente" em vez de *produtos adquiridos*;

---

[3] ISO/IEC Directives, Part 1 – Consolidated ISO Suplement, 2015 (Apêndice 2 do Anexo SL). Disponível em: <www.iso.org/directives>.

- "Provedores externos" em vez de *fornecedores*;
- o termo "exclusão" não é mais empregado. No entanto, apesar de a norma não se referir a exclusões, a aplicabilidade dos requisitos da norma está condicionada às particularidades das operações de produção da organização. Ou seja, na prática, não houve alteração.

Em documento anexo ao texto da norma, a ISO esclarece que não há necessidade de as organizações alterarem a terminologia usada. Ou seja, os termos usados, como *registros*, *procedimentos*, *fornecedor*, entre outros, provavelmente continuarão a ser usados por serem mais adequados e fazerem parte do linguajar corrente. O texto da norma usa a expressão *produtos e serviços*, em vez de somente *produtos*, para se referir às entregas aos clientes, que podem ser bens materiais ou imateriais, sobre as quais se aplicam os requisitos dos clientes. Mas, apesar dessa diferenciação, a norma não faz nenhuma exigência diferenciada em função do tipo de produto.

Além da mudança de terminologia, outra mudança importante é a adoção do conceito de risco. A norma define risco como o efeito da incerteza nos resultados. As não conformidades de produto ou não conformidades relacionadas a outros requisitos de clientes e outras partes interessadas são resultados que decorrem de certa dose de incerteza das operações de uma organização. Portanto, o conceito de risco, no caso do sistema da qualidade, também se refere a avaliar os riscos de não atendimento dos requisitos das partes interessadas e de não consecução dos objetivos da organização. A noção de risco já estava implícita nos requisitos da ISO 9001, mas apenas nesta última edição é que o termo foi explicitamente adotado. Mas o conceito de risco tem também um significado mais amplo. A edição de 2015 da ISO 9001, diferentemente das edições anteriores, estabelece como requisito que a organização deve considerar riscos e oportunidades no planejamento do sistema da qualidade. Deve-se observar ainda que a adoção do termo *risco* decorre do objetivo da ISO de alinhar a terminologia usada nos sistemas de gestão, como ISO 9001 e ISO 14001.

Mais uma mudança importante em relação à ISO 9001:2008, que vale a pena destacar, é que a ISO não mais estabelece como requisito a indicação de um representante da administração – RD. A norma mantém a exigência de explicitação de papéis e responsabilidades sobre o sistema da qualidade dos diferentes elementos organizacionais. Pode ser que, com essa alteração, a ISO pretenda reforçar, na prática, o compartilhamento de responsabilidades sobre o sistema. Mas é provável que as organizações continuem a ter, por um bom tempo, seu representante da administração.

Ainda outra mudança muito importante em relação às edições anteriores é que nessa edição de 2015 não há exigência de nenhum procedimento documentado. Na edição de 2008, essa exigência se limitava a poucas atividades, como controle de produtos não conformes e auditoria interna. A ISO 9001:2015 estabelece apenas que a organização deve manter procedimento e instruções na medida da sua necessidade. Ou seja, fica a cargo da organização definir se haverá alguma documentação que explicite suas atividades de gestão da qualidade. As exigências são de documentos de escopo, política e objetivos do sistema. Mas a ISO 9001:2015 exige vários registros, quando o texto da norma diz "reter informação documentada".

Para os leitores já familiarizados com a edição de 2008, apresentamos a seguir as principais alterações no conjunto de requisitos da edição de 2015, que serão apresentados em detalhes do Capítulo 4 em diante.

- A cláusula 4 continua tratando de requisitos gerais do sistema. Mas chama atenção para a necessidade de se entender o contexto em que a organização está inserida, as necessidades e expectativas das partes interessadas, para que a partir disso definam-se o escopo do sistema e seus processos.

- Os requisitos de documentação, que antes estavam aninhados na cláusula 4, passam para a cláusula 7.

- O termo "informação documentada" substitui de forma genérica os termos *documento*, *procedimento documentado* e *registro*.

- A cláusula 5 passa a ser denominada Liderança. Os requisitos de planejamento, antes aninhados na cláusula 5, passam a fazer parte da cláusula 6, específica sobre planejamento do sistema da qualidade.

- A cláusula 7, denominada Suporte, inclui os requisitos de documentação, comunicação e gestão de recursos (humanos e físicos), anteriormente espalhados pelas cláusulas 4, 5, 6 e 7 da edição de 2008.

- A cláusula 8 passa a ser denominada Operação e inclui o requisito de controle de não conformidade, anteriormente apresentado na cláusula 8 da edição de 2008 (medição, análise e melhoria).

- A cláusula 9 inclui requisitos relacionados à avaliação de desempenho, antes agrupados na cláusula 8 da edição de 2008.

- A cláusula 10 inclui requisitos sobre melhoria do sistema, agrupados na cláusula 8 da edição de 2008.

Visão Geral do Sistema da Qualidade ISO 9001:2015

2

A ISO 9001:2015 estabelece atividades de gestão que são requisitos para certificação. No entanto, segundo a ISO, tais atividades só conseguirão o êxito esperado se a organização incorporar sete princípios de gestão: foco no cliente, melhoria contínua, visão de processos, liderança, decisão baseada em evidência, engajamento de pessoas e relacionamento com *stakeholders* (termo bastante utilizado em inglês que significa partes interessadas ou todos aqueles que influenciam ou são influenciados pelo negócio). A firme adoção desses princípios resulta em uma base sólida para o sistema de gestão. Este capítulo apresenta inicialmente uma explanação sobre os princípios de gestão elencados pela ISO 9000 como fundamentais para um sistema de gestão da qualidade. Em seguida, apresenta-se uma visão geral dos requisitos de gestão da ISO 9001:2015. A parte final do capítulo traz alguns detalhes sobre o processo de certificação da qualidade ISO 9001.

2.1 Princípios de gestão da ISO 9001:2015

A partir da edição de 2008, o modelo de sistema de gestão da qualidade definido pela ISO baseia-se fortemente nos princípios de gestão estabelecidos pela qualidade total, conforme citado no Capítulo 1. Portanto, para se ter um entendimento global sobre o modelo de gestão da qualidade da ISO 9001:2015, deve-se inicialmente abordar os sete princípios de gestão fundamentais para a implementação dos requisitos de gestão da qualidade estabelecidos pela ISO. São eles:

1. foco no cliente;
2. liderança;
3. engajamento das pessoas;
4. abordagem de processo;
5. melhoria;
6. tomada de decisão baseada em evidências;
7. gestão de relacionamento.

Como observado na Introdução e no Capítulo 1, o objetivo principal de um sistema de gestão da qualidade é a redução de riscos da não conformidade no atendimento de requisitos dos clientes e a consequente melhoria da eficácia e eficiência da organização, contribuindo para com a satisfação dos *stakeholders*. A Figura 2.1 procura ilustrar a dependência entre os objetivos da gestão da qualidade e os princípios de gestão listados pela ISO. O diagrama da Figura 2.1 sugere que a satisfação dos *stakeholders* é decorrente de um processo de desdobramento que envolve a melhoria da eficácia e eficiência organizacional e a redução de riscos, que por sua vez decorrem de um processo de gestão de relacionamento com clientes e outras partes interessadas e melhoria contínua no atendimento dos requisitos. Impulsionador de vários desses princípios é o papel da liderança, motivando e engajando as pessoas, criando uma cultura de melhoria contínua e foco no cliente. A melhoria contínua depende fortemente da cultura organizacional estabelecida pela liderança, mas depende também de práticas como abordagem por processo e decisão baseada em fatos e dados. Cada um desses princípios e o relacionamento entre eles são discutidos a seguir.

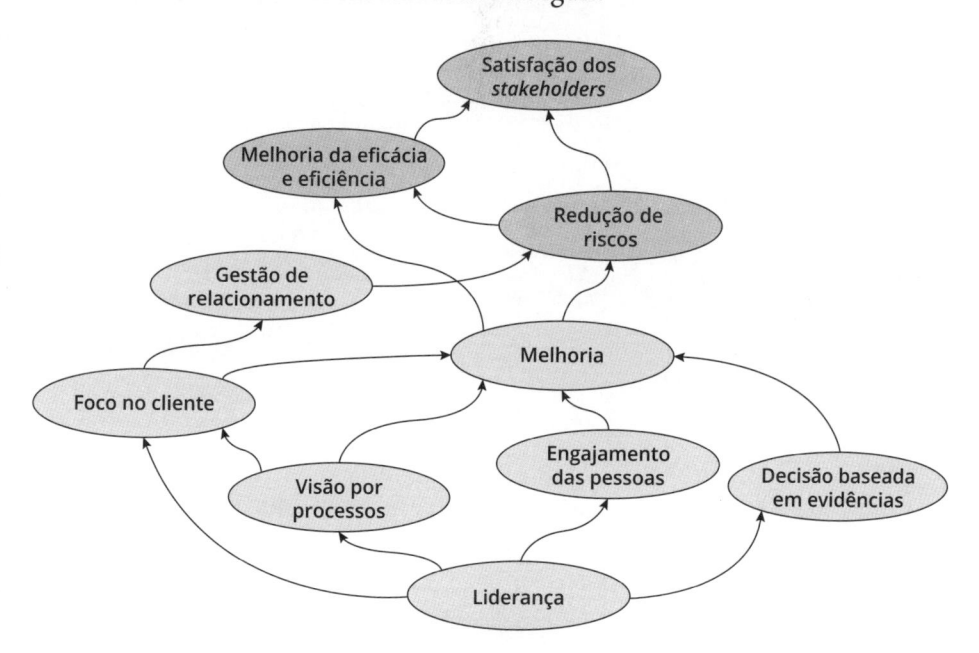

Figura 2.1 Relacionamento entre os princípios de gestão da qualidade.

Foco no cliente – Princípio 1

O foco central do sistema da qualidade ISO é gerenciar as operações de produção para reduzir os riscos da não conformidade no atendimento dos requisitos dos clientes. Para isso, é fundamental, em primeiro lugar, identificar e ouvir o cliente, para a identificação dos requisitos intrínsecos e extrínsecos aos produtos e/ou serviços fornecidos, assim como para a avaliação do grau de satisfação quanto ao atendimento das expectativas dos clientes. Portanto, o princípio de foco no cliente diz que a organização tem que trazer a visão do mercado e de clientes sobre requisitos de produtos e serviços para dentro da organização (*market-in*). A visão do cliente somada ao conhecimento dos processos internos da organização levará a soluções mais apropriadas, considerando o ponto de vista do cliente e a viabilidade de implementá-las.

Um ponto também importante é que o conceito de cliente é normalmente entendido de forma mais ampla, incluindo outras partes interessadas. Nessa categoria de partes interessadas, ou *stakeholders*, se incluem, além dos clientes, os acionistas, parceiros da cadeia de suprimentos, funcionários e, em alguns casos, agências reguladoras e organismos governamentais. Esse entendimento faz com que o sistema de gestão da qualidade tenha que também identificar e gerenciar o atendimento de requisitos de outras partes interessadas, como, por exemplo, fornecedores e agências reguladoras, entre outras.

Outro aspecto para a consecução do princípio de foco no cliente é fazer com que toda a organização esteja focada no atendimento desses requisitos. Essa questão amplia o conceito de cliente, incluindo o cliente interno. Ou seja, cada processo ou atividade das operações de produção gera resultados que serão usados por alguém dentro da cadeia produtiva, um cliente interno. Também neste caso, ouvir e atender aos requisitos dos clientes internos contribui para a redução de riscos de não conformidades, levando a mais eficácia a eficiência das operações de produção. Esse conceito de cliente interno também é fundamental para a abordagem por processos, um dos conceitos explicados a seguir.

Um último aspecto importante, relacionado ao princípio de foco no cliente, é o da comunicação com o cliente. A organização precisa estabelecer um processo de comunicação efetivo, que gerencie o relacionamento com o cliente, que cumpra o papel de trazer para dentro da organização a voz do cliente e que responda eficazmente às suas dúvidas e reclamações.

Liderança – Princípio 2

Conforme ilustrado na Figura 2.1, a liderança é o princípio fundamental, já que os outros princípios dependem fortemente da liderança. Liderar é a capacidade de influenciar e motivar as pessoas a fazer algo de boa vontade, a empregar seu talento na busca de resultados que contribuam para a melhoria da organização segundo aquela visão compartilhada pelo líder. Uma liderança comprometida com a gestão da qualidade irá valorizar e colocar em prática outros princípios de gestão, como o foco no cliente, a visão por processos, o engajamento das pessoas, a decisão baseada em evidência, que propiciarão a melhoria organizacional e o melhor relacionamento com as partes interessadas, tudo isso de forma sistêmica. E, além disso, a liderança tem que demonstrar esse comprometimento em suas próprias ações e inspirar as pessoas, de modo que todos trabalhem na mesma direção.

É importante que as organizações compreendam a função liderança como uma responsabilidade não apenas de uma pessoa, mas de todos que compõem a alta direção, a gestão intermediária e demais gestores da organização. É preciso também uma compreensão clara para o fato de que liderar não é sinônimo de gerenciar e, muitas vezes, ambas as funções requerem habilidades distintas. Como observado por Kotter (1990), muitas organizações são "supergerenciadas" e "sublideradas"; esse erro, bastante comum, é decorrência da adoção de planejamento de longo prazo como uma panaceia para sua falta de direção e falta de habilidade para se adaptar a um ambiente de negócios cada vez mais dinâmico e competitivo.

Gestão e liderança são importantes para qualquer organização e podem ser desempenhadas em equipe. Gestores promovem estabilidade enquanto líderes impulsionam as empresas para a mudança. Assim a organização consegue manter sua rotina e seu padrão de trabalho e implementar as mudanças necessárias para a busca de sua visão de longo prazo. A Tabela 2.1 apresenta características marcantes e diferenciadoras entre gestores e líderes.

Tabela 2.1 Aspectos relacionados aos gestores e aos líderes.

Gestores	Líderes
Bons gestores lidam com a complexidade e trazem um grau de ordem e consistência para o negócio.	Líderes efetivos lidam com mudanças organizacionais.
Estabelecem objetivos e metas, desdobrando-os em passos detalhados para alcançar seus objetivos e alocando recursos para realizar esses planos.	Estabelecem uma direção, ou seja, uma visão de futuro para a organização (normalmente um futuro mais distante).
Criam uma estrutura organizacional e um conjunto de funções para a realização dos planos estabelecidos, atribuindo funções a indivíduos qualificados, comunicando o plano para tais pessoas, delegando responsabilidade para realizar o plano e desenvolvendo sistemas para monitorar a implementação.	Desenvolvem a organização focando no alinhamento das pessoas – comunicando a nova direção para aqueles que podem criar coalisões que entendam a visão e estejam comprometidas com seu alcance.
Monitoram em detalhes os resultados obtidos *versus* os resultados planejados, tanto formalmente quanto informalmente, utilizando relatórios, reuniões e outras ferramentas; identificando desvios; e planejando e organizando a resolução de problemas.	Buscam motivação e inspiração – mantendo as pessoas no caminho certo, ainda que existam grandes barreiras para a mudança, e apelando para suas necessidades humanas básicas (um senso de pertencimento, reconhecimento, autoestima, um sentimento de controle sobre as próprias vidas e a habilidade de cumprir com as expectativas e ideais das pessoas), seus valores e suas emoções.

Fonte: Baseada em Kotter (1990).

Engajamento das pessoas – Princípio 3

Uma organização pode ter o máximo controle sobre os seus funcionários, determinar normas rígidas, supervisionar, fiscalizar. Entretanto, nada será tão eficaz quanto o espírito de colaboração e a iniciativa daqueles que acreditam no trabalho. As pessoas constituem o "ativo" mais valioso na organização. Consequentemente, o engajamento delas permite melhor aproveitamento das suas energias em prol da organização. O engajamento das pessoas depende de vários fatores, como motivação, capacitação e métodos de trabalho. A motivação para o trabalho, para a melhoria e a mudança, por sua vez, também depende de uma série de fatores. As pessoas procuram não apenas remuneração adequada, mas também espaço e oportunidade para demonstrar suas aptidões, participar, crescer profissionalmente e ver seus esforços reconhecidos. Satisfazer tais aspirações é multiplicar o potencial de iniciativa e trabalho. Motivação é tema de vários livros, palestras e cursos de capacitação. Não é simples, mas certamente envolve uma boa combinação de métodos de trabalho adequados, lideranças que promovam a capacitação e o envolvimento e, por último, mecanismos de reconhecimento e recompensas pelos esforços e resultados decorrentes de mais comprometimento e envolvimento.

Abordagem por processos – Princípio 4

De um modo geral, processo pode ser definido como sendo uma atividade ou grupo de atividades que transformam entradas (informação, material) em saídas, ou seja, resultados, por meio da agregação de valor às entradas. As entradas são fornecidas por um processo anterior, interno ou externo à organização. E as saídas são fornecidas a um próximo processo, também interno ou externo à organização ou ao consumidor final. Os processos de uma organização são definidos de forma mais genérica como processos de negócio, que consistem de um grupo de atividades relacionadas pelo fluxo de informação e materiais e que utilizam os recursos organizacionais para prover os resultados esperados pela organização. Alguns exemplos de processos de negócio genéricos são: desenvolver produto e processo, comercializar e vender, produzir e gerenciar os serviços aos clientes, entre outros. A Figura 2.2 ilustra alguns processos de negócio, destacando a sobreposição dos processos com várias áreas funcionais. Os processos de negócio, ou seja, a realização das atividades e processos de uma cadeia interna de valor, necessitam da integração de diferentes áreas de conhecimento, que normalmente são agrupadas por departamentos, que definem a estrutura funcional da organização. Por isso, essa visão dos processos pode ajudar a minimizar ou eliminar barreiras entre departamentos, contribuindo para promover a integração entre as diferentes funções, eliminando os chamados silos funcionais.

Figura 2.2

Diagrama 1:
Conceito → Desenvolvimento de produtos → Lançamento
Atividades envolvidas em pesquisa, projeto, engenharia e liberação para fabricação

Diagrama 2:
Pedido → Produção → Pagamento
Da chegada de um pedido, até o cliente ter recebido e pago pelo produto

Diagrama 3:
Entrega → Serviço ao cliente → Fim de uso/descarte
Atividades relacionadas a serviços pós-venda incluindo recolhimento do produto

Pesquisa & desenvolvimento | Produção | Marketing & vendas | Compras

Figura 2.2 Processos de negócio envolvendo diferentes áreas funcionais.

Outro aspecto importante é que a abordagem por processos incorpora o conceito de cliente interno discutido anteriormente, tornando mais evidentes as relações cliente-fornecedor, contribuindo assim para uma gestão melhor do atendimento dos requisitos de clientes internos e, consequentemente, contribuindo para a diminuição dos riscos de não conformidade nas operações de produção. A ISO 9001 considera o modelo SIPOC para a representação esquemática dos elementos de um processo individual, a saber (como ilustrado na Figura 2.3): S (*Suppliers*: fontes de entrada, fornecedores ou provedores internos ou externos), I (*Input*: entradas como matéria-prima, energia ou informação), P (*Processes*: processos ou atividades), O (*Output*: produto ou serviço), C (*Customers*: clientes ou processos subsequentes, internos ou externos).

A Associação Americana para Qualidade e Produtividade (APQC) propôs um modelo de classificação de processos de negócio, conforme ilustrado na Figura 2.4, em que os processos são bastante amplos, envolvendo todas as atividades de uma organização. Esses processos são divididos em duas categorias: "processos operacionais" e "processos de gestão e serviços de suporte". Também é comum classificar esses processos como primários e de suporte.

Visão Geral do Sistema da Qualidade ISO 9001:2015   29

Representação esquemática dos elementos de um processo individual

S — Fontes de entradas
- PROCESSOS ANTECEDENTES, por exemplo, em provedores (internos ou externos), em clientes, em outras partes interessadas pertinentes

I — Entradas
- MATÉRIA, ENERGIA, INFORMAÇÃO, por exemplo, na forma de material, recursos, requisitos

P — Atividades (Ponto de partida)

O — Saídas (Ponto de chegada)
- MATÉRIA, ENERGIA, INFORMAÇÃO, por exemplo, na forma de produto, serviço, decisão

C — Recebedores de saídas
- PROCESSOS SUBSEQUENTES, por exemplo, em clientes (internos ou externos), em outras partes interessadas pertinentes

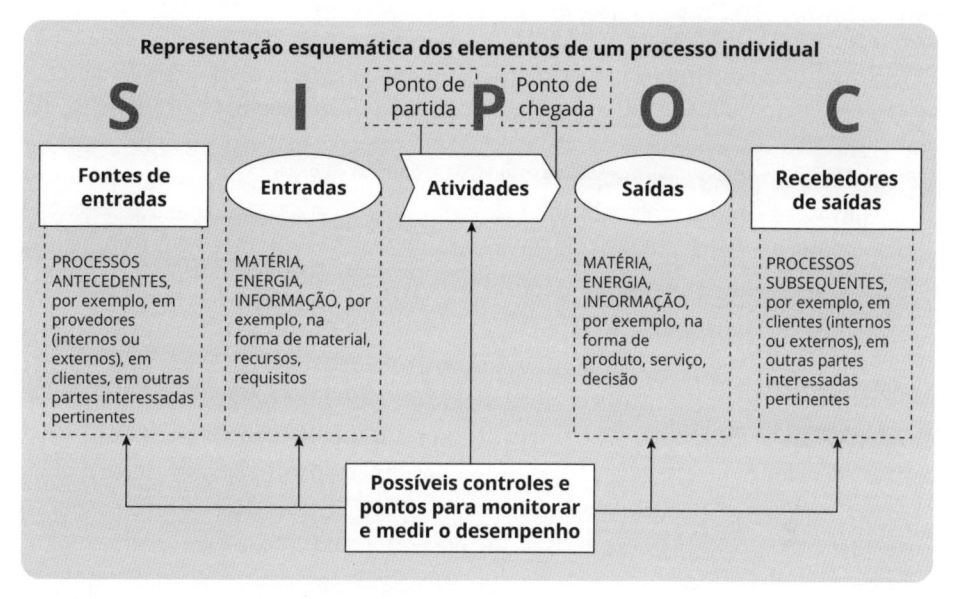

Possíveis controles e pontos para monitorar e medir o desempenho

Fonte: Baseado na ISO 9001:2015.

Figura 2.3 Modelo SIPOC de representação dos elementos de um processo

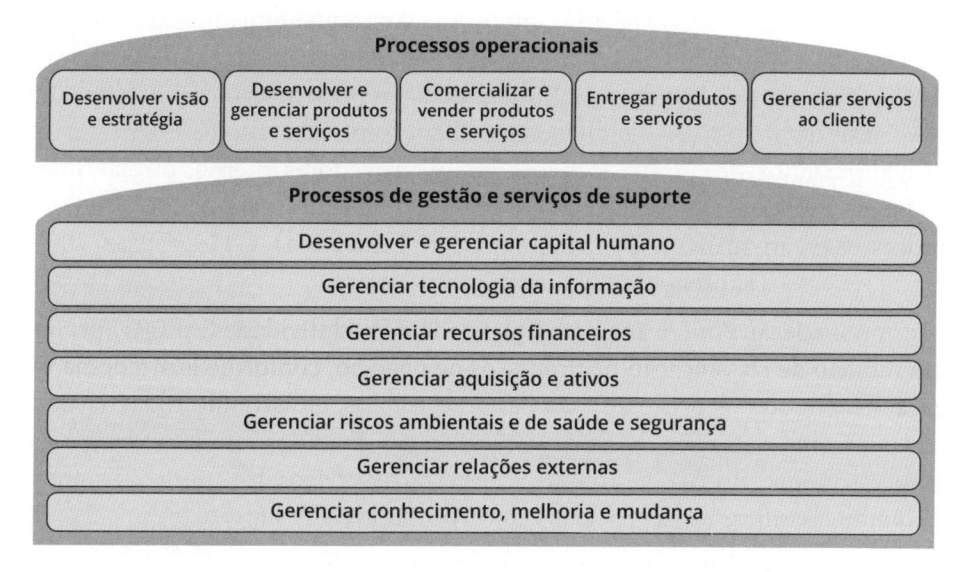

Processos operacionais
- Desenvolver visão e estratégia
- Desenvolver e gerenciar produtos e serviços
- Comercializar e vender produtos e serviços
- Entregar produtos e serviços
- Gerenciar serviços ao cliente

Processos de gestão e serviços de suporte
- Desenvolver e gerenciar capital humano
- Gerenciar tecnologia da informação
- Gerenciar recursos financeiros
- Gerenciar aquisição e ativos
- Gerenciar riscos ambientais e de saúde e segurança
- Gerenciar relações externas
- Gerenciar conhecimento, melhoria e mudança

Figura 2.4 Modelo de referência de processos de negócio da APQC.[1]

---
[1] Disponível em: <https://www.apqc.org/pcf>.

Melhoria contínua – Princípio 5

A melhoria contínua é um princípio fundamental para o objetivo de redução de riscos da não conformidade no atendimento de requisitos dos clientes. No planejamento dos processos e atividades das operações de produção, especialmente aqueles processos que interfiram no atendimento dos requisitos, a empresa deve racionalizar a realização desses processos e atividades, buscando a melhor maneira de executá-las de forma a melhorar a chance de atendimento aos requisitos dos clientes ao mesmo tempo em que se reduzem desperdícios.

Depois de planejados e testados, os procedimentos podem ser padronizados; essa é uma abordagem bastante utilizada na gestão da qualidade. Por estabelecer um modo padrão, único, de realizar certa atividade ou operação, a padronização reduz a variabilidade, aumenta a previsibilidade e reduz os riscos de não conformidade. No entanto, mesmo trabalhando segundo padrões de operação, não conformidades podem ocorrer nas operações de produção. Pode ser necessária uma correção da operação para que ela volte a funcionar conforme o padrão estabelecido, ou pode ser necessária uma melhoria do próprio padrão, o que significa que essas atividades precisam ser repensadas e melhoradas. Uma abordagem bastante utilizada na gestão da qualidade é a de investigação das causas dos erros ou não conformidades e implementação de ações para a eliminação dessas causas, num processo sistemático e iterativo de melhoria contínua. Os japoneses chamam o processo de melhoria contínua de *Kaizen*, que significa mudar para melhor. O método mais genérico e conhecido de processo de melhoria contínua é o ciclo PDCA. Uma versão mais detalhada do método PDCA é o Método de Análise e Solução de Problemas (MASP). As quatro etapas do PDCA integradas às fases do MASP são (ver Figura 2.5):

(P) **Planejamento**: em um ciclo completo, inclui: identificação do problema; investigação de causas-raiz; proposição e planejamento de soluções.
   1. **Identificação do problema**: nessa fase procura-se identificar os problemas mais críticos e, portanto, mais prioritários.
   2. **Observação**: objetiva a caracterização completa do problema para aumentar a chance de se identificarem suas causas.
   3. **Análise**: nessa fase, busca-se levantar as causas-raiz ou fundamentais do problema em questão.
   4. **Plano de ação**: depois de identificadas as supostas causas fundamentais, o objetivo desta fase é elaborar e detalhar um plano de ação para a eliminação ou minimização dos efeitos indesejáveis das causas fundamentais. Ou seja, objetiva-se bloquear as causas fundamentais.

(**D**) **Execução**: preparação (incluindo treinamento) e execução das tarefas de acordo com o planejado.
5. **Ação**: consiste de implementação do plano de ação.

(**C**) **Verificação**: coleta de dados e comparação do resultado alcançado com a meta planejada.
6. **Verificação**: consiste da avaliação de resultados para verificar se a ação foi eficaz na eliminação ou minimização do problema. Caso o resultado não tenha sido satisfatório, o processo é reiniciado pela observação e análise do problema. Caso contrário, segue-se para a próxima etapa.

(**A**) **Ação corretiva**: atuação sobre os desvios observados para corrigi-los. Se necessário, replanejamento das ações de melhoria e reinício do PDCA.
7. **Padronização**: visa introduzir as ações implementadas na rotina de operação do processo ou atividade, de forma a prevenir o reaparecimento do problema.
8. **Conclusão**: o processo é finalizado com o registro de todas as ações empreendidas e resultados obtidos, para posterior recuperação de informações e histórico.

PDCA	FLUXOGRAMA	Fase	Objetivo
P	①	Identificação do problema	Definir claramente o problema e a necessidade de melhoria (priorização)
P	②	Observação	Investigar as características específicas do problema.
P	③	Análise	Descobrir as causas fundamentais do problema (causas raízes)
P	④	Plano de ação	Conceber um plano para bloquear as causas fundamentais
D	⑤	Ação	Bloquear as causas fundamentais
C	⑥	Verificação	Verificar se o bloqueio foi efetivo
C	?	(Bloqueio foi efetivo)	
A	⑦	Padronização	Prevenir contra o reaparecimento do problema
A	⑧	Conclusão	Documentar todo o processo para recuperação futura

Figura 2.5 Etapas do método de análise e solução de problemas (MASP).

Observa-se que, quando há apenas a necessidade de corrigir um problema operacional e reconduzir a operação ao padrão estabelecido, o ciclo utilizado é também chamado de SDCA, ou seja, substitui-se o P pelo S (*Standardize* ou Padronizar) garantindo que a execução, a verificação e a ação sejam realizadas conforme o padrão estabelecido e conhecido, conforme ilustrado na Figura 2.6.

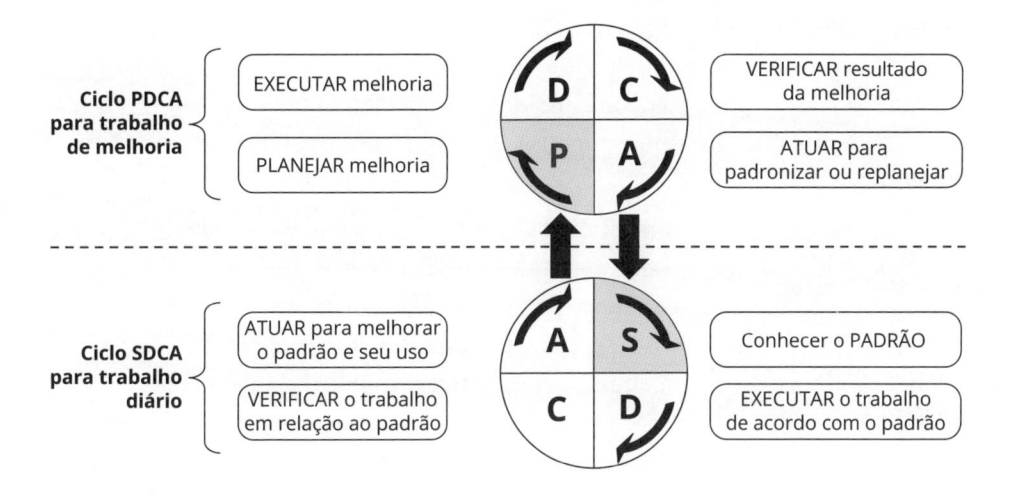

Visão Geral do Sistema da Qualidade ISO 9001:2015

Ciclo PDCA para trabalho de melhoria
- EXECUTAR melhoria
- PLANEJAR melhoria
- VERIFICAR resultado da melhoria
- ATUAR para padronizar ou replanejar

Ciclo SDCA para trabalho diário
- ATUAR para melhorar o padrão e seu uso
- VERIFICAR o trabalho em relação ao padrão
- Conhecer o PADRÃO
- EXECUTAR o trabalho de acordo com o padrão

Fonte: Shiba et al. (1993).

Figura 2.6 Alternância dos ciclos PDCA e SDCA.

É importante também observar que o conceito de melhoria contínua se aplica a todos os processos de uma organização, inclusive aos processos de gestão de um sistema de gestão da qualidade. O que significa que, quando se planeja e implementa um sistema da qualidade, é bem provável que o sistema apresente problemas e precise ser melhorado. É por isso que o sistema de gestão ISO 9001:2015 inclui os processos de avaliação de desempenho e melhoria, como será visto nos próximos capítulos.

Decisão baseada em evidências – Princípio 6

Uma característica marcante do processo de melhoria contínua é o uso de evidências, dados e fatos, especialmente nas fases de priorização de problemas, observação e análise de causas-raiz e avaliação de resultados. O uso de evidências, decorrentes da observação de fatos e coleta de dados, é essencial para que as decisões de melhoria não se baseiem em opinião não fundamentada, em "achismo", mas sim em evidências. Esse processo de melhoria contínua, em que a tomada de decisão decorre de uma série de atividades logicamente sequenciadas, baseando-se em informações completas, dados e fatos pesquisados e raciocínio lógico, que é a essência do ciclo PDCA, é conhecido também por abordagem científica para a tomada de decisão. Esses conceitos de abordagem científica e melhoria contínua para a gestão da qualidade levaram ao desenvolvimento de vários métodos e técnicas que objetivam auxiliar nesse processo de levantamento de evidências e priorização de problemas, levantamento e análise de causas-raiz, implementação e avaliação de resultados. Várias dessas técnicas são discutidas por Carpinetti (2016), e podem ser usadas como parte dos processos de gestão e melhoria de um sistema da qualidade, como será visto mais adiante.

Vale observar que não propomos que a experiência e a intuição sejam descartadas. Pelo contrário, entende-se que aquelas pessoas que possuem muito conhecimento do processo e já vivenciaram diferentes situações serão responsáveis por enriquecer o processo de identificação e análise dos problemas, priorizando e canalizando a energia da equipe na investigação dos problemas mais críticos. Aliar essa experiência a um processo sistemático de solução de problemas é o desafio que as organizações devem encarar para garantir não apenas as melhores soluções, mas também a interação entre os membros da equipe.

Gestão de relacionamento – Princípio 7

Reduzir os riscos de não conformidade nas operações de produção é uma tarefa que depende dos esforços de todos em uma organização, inclusive de seus parceiros, clientes e fornecedores. A conquista de um bom relacionamento consiste em identificar quais são os *stakeholders*, ou seja, as partes interessadas, quais são suas necessidades, sejam elas legais ou simplesmente expectativas, e como cada parte pode contribuir para se atingirem a visão e os objetivos organizacionais. Essa relação de interdependência pode criar uma relação mutuamente benéfica, em que todos melhoram a eficácia e a eficiência de suas operações (aumentando a satisfação das partes interessadas e reduzindo os desperdícios). Essa visão contribui para a gestão da qualidade colaborativa entre elos da cadeia e para a melhoria da qualidade de um modo geral. Portanto, identificar o papel de cada um para gerenciar o relacionamento entre essas diferentes partes é fundamental para a consecução dos objetivos de um sistema de gestão da qualidade.

2.2 Requisitos de gestão da qualidade da ISO 9001:2015

Baseado nos princípios de gestão estabelecidos pela ISO 9001:2015 e na experiência acumulada pelo comitê da ISO responsável pela revisão do sistema (*Technical Committee* – TC 176), o modelo de sistema de gestão da qualidade definido pela ISO na revisão de 2015 é detalhado em sete cláusulas da norma:

- Contexto da Organização (cláusula 4);
- Liderança (cláusula 5);
- Planejamento do Sistema de Gestão da Qualidade (cláusula 6);
- Suporte (cláusula 7);
- Operação (cláusula 8);
- Avaliação de Desempenho (cláusula 9);
- Melhoria (cláusula 10).

Cada uma dessas cláusulas da norma faz referência a uma série de atividades ou processos de gestão, que são os requisitos do sistema para certificação ISO 9001:2015. Primeiramente, o sistema da qualidade precisa ser planejado. Os requisitos da ISO 9001:2015 relacionados ao planejamento do sistema estão distribuídos entre as cláusulas 4, 6 e 8.1.

A cláusula 4, detalhada no Capítulo 4, apresenta requisitos fundamentais para o planejamento e a implementação do sistema da qualidade. Essa cláusula começa com requisitos sobre a análise do contexto da organização, incluindo a identificação e revisão de questões internas e externas relacionadas aos objetivos estratégicos da organização e aos objetivos do sistema da qualidade. A análise de contexto inclui também a identificação das necessidades e expectativas dos clientes e de outras partes interessadas. Outros requisitos apresentados na cláusula 4 e que decorrem da análise de contexto são a determinação do escopo do sistema da qualidade e, por fim, a determinação dos processos do sistema de gestão da qualidade a ser implementado ou mantido. A ISO 9001:2015, na cláusula 4.4, enfatiza o princípio de abordagem por processos para o projeto e implementação das atividades do sistema de gestão.

A cláusula 5, detalhada no Capítulo 5, apresenta os requisitos de liderança. A ISO 9001:2015 estabelece primeiramente requisitos relacionados à atitude da liderança. Ou seja, a liderança deve evidenciar total comprometimento com o sucesso do sistema ou responsabilizar-se pelo seu fracasso. A norma estabelece também como requisitos da liderança o envolvimento com a definição e revisão da política da qualidade e também o envolvimento com a análise crítica do sistema de gestão, que é um requisito da cláusula 9. Esse comprometimento deve expressar-se também pela definição de papéis organizacionais e delegação de responsabilidades e autoridades.

A cláusula 6, detalhada no Capítulo 6, apresenta os requisitos sobre planejamento. As cláusulas 4 e 8.1 também tratam de requisitos de planejamento. No entanto, essa cláusula complementa a análise estabelecida pelas cláusulas 4 e 8.1. A ISO 9001:2015 estabelece que a organização deve fazer uma análise de riscos em não se atender aos requisitos das partes interessadas e, ao mesmo tempo, uma análise de oportunidades em melhor atender a essas partes interessadas. E, com base nessa análise, planejar e replanejar o sistema de gestão da qualidade. Ainda como parte do planejamento do sistema, a norma afirma nessa cláusula que a organização deve estabelecer objetivos da qualidade e planos para alcançá-los. É claro que esses objetivos estão bastante relacionados à análise de contexto, da cláusula 4, e à análise de riscos e oportunidades.

A cláusula 7, chamada de Suporte e detalhada no Capítulo 7, apresenta requisitos relacionados às atividades de suporte ao sistema de gestão. As primeiras seções dessa cláusula tratam de requisitos de infraestrutura material e humana. A norma obviamente não entra em detalhes sobre quais são os recursos necessários, mas estabelece que a organização deve prover o suporte necessário, incluindo a manutenção de equipamentos de medição e monitoramento. Essa cláusula também estabelece que a organização deve determinar e prover as competências necessárias para a gestão da qualidade. Outros aspectos de suporte tratados nessa cláusula incluem requisitos para a promoção da conscientização dos recursos humanos e comunicação. A última seção dessa cláusula apresenta os requisitos para a gestão de documentação, especialmente para criação, atualização e controle de documentos e registros.

A cláusula 8 apresenta os requisitos relacionados às atividades de operações da organização. São requisitos centrais ao sistema de gestão, já que o objetivo do sistema é minimizar a ocorrência de erros nas operações que causem não atendimento dos requisitos dos clientes. Esses requisitos compreendem várias atividades de gestão na cadeia interna de valor, como listado a seguir:

1. planejamento e controle;
2. determinação de requisitos de produtos e serviços;
3. projeto e desenvolvimento de produtos e serviços;
4. controle de produtos e serviços adquiridos externamente;
5. produção e provisão de serviços;
6. liberação de produtos e serviços;
7. controle de resultados de processos, produtos e serviços não conformes.

A Figura 2.7 apresenta essas atividades de gestão e procura ilustrar as relações e sequenciamento entre elas ao longo da cadeia interna de valor. A primeira atividade, de planejamento e controle, estabelece que a organização deve planejar e controlar as atividades necessárias para a provisão de produtos e serviços em conformidade com os requisitos estabelecidos. O planejamento e o controle envolvem todas as atividades do sistema de gestão na operação, começando pela atividade de determinação de requisitos dos clientes, sobre os produtos e serviços oferecidos. Muitas vezes, a empresa tem vários tipos de clientes, com requisitos diferenciados. Além disso, nem todos os requisitos são explicitados pelo cliente e a empresa deve sempre buscar identificá-los. Na próxima etapa, de projeto e desenvolvimento, as atividades do sistema de gestão da qualidade têm por objetivo principal minimizar a chance de: os requisitos dos clientes não serem incorporados ao produto e a serviços; as especificações de projeto não serem adequadas para minimizar a chance de não conformidade de produto; e as especificações de projeto não serem transmitidas para a produção. Nas etapas de produção, entrega e pós-venda, as atividades do sistema de gestão da qualidade visam estabelecer controles de modo a minimizar a chance de resultados não conformes serem produzidos e/ou entregues ao cliente. Como é muito comum que os produtos ou serviços entregues ao cliente incorporem produtos ou serviços adquiridos de terceiros, a ISO estabelece alguns controles para a atividade de aquisição de produtos e serviços. E, por último, caso produtos ou serviços não conformes sejam gerados, a norma exige que a organização tenha procedimentos para minimizar a chance de entrega aos clientes dos produtos não conformes, assim como para minimizar a chance de recorrência dessas não conformidades.

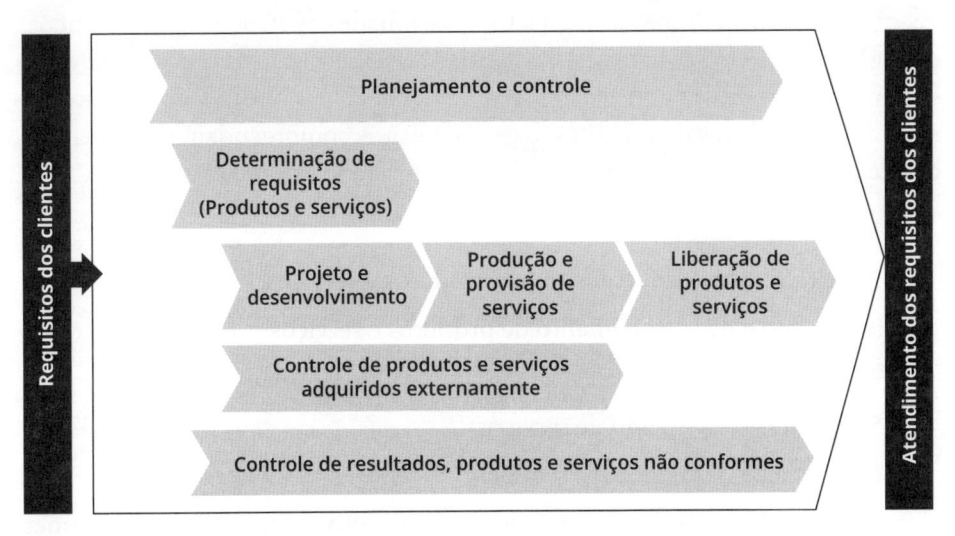

Figura 2.7 Requisitos de gestão da qualidade na operação.

Finalmente, o sistema precisa ser avaliado e melhorado. A cláusula 9 trata de requisitos de avaliação, incluindo avaliação da satisfação do cliente, medição e análise de resultados, auditoria interna e revisão do sistema. A revisão do sistema é feita principalmente pela atividade de análise crítica do sistema pela alta direção. Nessa atividade, são analisados todos os dados e informações coletadas na fase de avaliação, incluindo ações corretivas ou de melhoria em andamento. O resultado dessa atividade de análise crítica é a proposição de novas ações corretivas ou de melhoria. Finalmente, a cláusula 10 trata exatamente das atividades de implementação de ações de melhorias propostas na atividade anterior, de análise crítica.

A Figura 2.8, extraída da norma, ilustra as relações de causa e efeito entre esses processos ou requisitos de gestão. Os processos das cláusulas 6, 7, 8, 9 e 10 formam um ciclo PDCA de melhoria. Todos os processos dessas cláusulas dependem da liderança, ou seja, do papel e das atividades de liderança requeridas pela ISO 9001:2015. As informações de entrada para definição e planejamento do sistema da qualidade são: a realidade da organização e o seu contexto; os requisitos dos clientes; e necessidades e expectativas de outras partes interessadas. E os resultados, saídas do sistema da qualidade, são a satisfação dos clientes sobre os produtos e serviços.

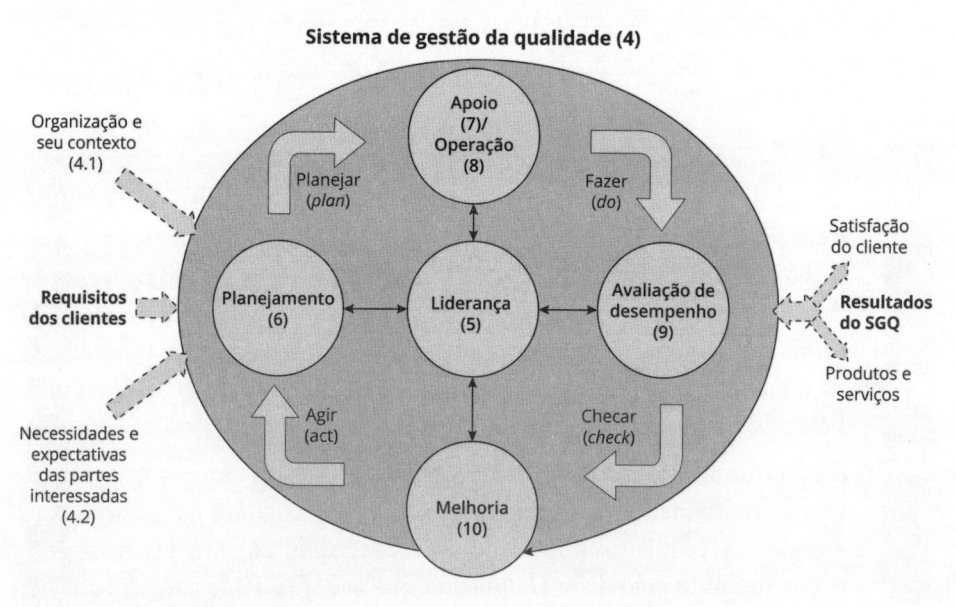

Fonte: NBR ISO9001:2015.

Figura 2.8 Requisitos de gestão da qualidade ISO 9001:2015.

O esforço da ISO em relacionar os requisitos do sistema de gestão da qualidade ao ciclo PDCA é fundamental para a consolidação da filosofia de melhoria contínua. Mas, em nossa visão, apesar de a cláusula 6 ser específica sobre planejamento, para implementar o sistema de gestão, observa-se que em todas as cláusulas da norma há requisitos de planejamento. O exemplo mais evidente é a clausula 8.1 (planejamento e controle operacional).

Como se pode perceber, os princípios de gestão explicados na seção anterior têm estreita relação com esses requisitos do sistema da qualidade ISO 9001:2015. Todos eles dependem da liderança e do envolvimento das pessoas. Os princípios de foco no cliente, abordagem por processo e gestão de relacionamento estão mais claramente presentes nos requisitos de planejamento e operação. Os princípios de melhoria e decisão baseada em evidências se aplicam aos requisitos de avaliação e melhoria, mas também se aplicam a requisitos de operação. Certamente, a eficácia da implementação de um sistema de gestão vai depender do quanto esses requisitos fazem parte da cultura e das práticas de gestão da organização.

2.3 Certificação de sistema da qualidade ISO 9001

A certificação de um sistema da qualidade ISO9001 é um processo de avaliação pelo qual uma empresa certificadora avalia o sistema da qualidade de uma organização interessada em obter um certificado, e:

a) atesta que o sistema de gestão da qualidade da organização condiz com o modelo de sistema de gestão da qualidade estabelecido pela ISO 9001. Ou seja, o sistema de gestão da qualidade da organização contempla todos os requisitos estabelecidos pela norma. Esse aspecto do processo de certificação é bem descrito pela expressão **Diga o que você faz** para garantir a qualidade. O objetivo, portanto, é atestar a aderência do sistema da qualidade projetado pela organização com o modelo de sistema estabelecido pelos requisitos da ISO 9001;

b) atesta que foram encontradas evidências de que a organização implementa as atividades de gestão da qualidade tidas como necessárias para atender aos requisitos dos clientes. Esse segundo aspecto da certificação é bem definido pelo dizer **Demonstre que você faz o que você diz que faz** para garantir a qualidade.

O processo de avaliação conduzido pela empresa certificadora é chamado de auditoria de terceira parte. Auditoria porque a avaliação tem um valor oficial; e de terceira parte por se tratar de uma auditoria realizada por um organismo independente, que não a própria organização (primeira parte) ou um cliente da organização (segunda parte). E a empresa certificadora, que audita e emite o certificado, é normalmente chamada de organismo certificador. Um exemplo de certificado é apresentado na Figura 2.9.

Figura 2.9 Exemplo de certificado ISO 9001:2015 (apenas ilustrativo).

Deve-se enfatizar que o certificado não é emitido pela ISO, pois a ISO não emite certificados, mas apenas define um padrão de sistema da qualidade. A ISO recomenda inclusive que no material de divulgação do certificado não se use a expressão *certificado ISO*, para não se induzir o público a pensar que é um certificado emitido pela ISO. A ISO recomenda ainda que seja usada a expressão *certificado ISO 9001:2015* para manter clara a informação quanto à atualização da norma.

Os organismos certificadores, as empresas que emitem os certificados, são normalmente credenciados (ou acreditado, do inglês *accredited*) para a emissão de um certificado ISO 9001. O credenciamento (ou acreditação) dos organismos certificadores é feito, no Brasil, pelo INMETRO, o Instituto Nacional de Metrologia, Normalização e Qualidade Industrial (ver http://www.inmetro.gov.br/), uma autarquia federal que tem entre as suas responsabilidades o credenciamento de laboratórios, organismos certificadores, inspeção de produtos e outras. O INMETRO, que coordena o sistema nacional de certificação no Brasil, é reconhecido internacionalmente como o organismo de credenciamento brasileiro, seguindo a tendência internacional atual de apenas um credenciador por país ou economia.

O credenciamento de organismos certificadores é voluntário e não obrigatório. No entanto, o credenciamento pelo INMETRO dá maior credibilidade aos organismos certificadores, especialmente os nacionais, que não são credenciados em outros países. O INMETRO disponibiliza em seu *site*,[2] às empresas interessadas no credenciamento ("acreditação"), todas as informações e documentos necessários para o processo de credenciamento e sua manutenção. Os principais organismos certificadores credenciados pelo INMETRO são listados na Tabela 2.2 (no momento da edição deste livro, segundo o *site* do INMETRO[3]). Além do credenciamento junto ao INMETRO, os organismos certificadores podem ser credenciados pelo *International Accreditation Forum* (IAF), uma associação internacional que mantém um sistema global de reconhecimento dos organismos certificadores em vários países. De qualquer modo, a ISO define requisitos que devem ser seguidos por todos os organismos de certificação credenciados, estabelecidos na norma *NBR ISO/IEC 17021:2007 – Avaliação de conformidade – Requisitos para organismos que fornecem auditoria e certificação de sistemas de gestão.*

Tabela 2.2 Organismos certificadores credenciados pelo INMETRO.

Nome do Organismo	País	UF	Cidade
FCAV – Fundação Carlos Alberto Vanzolini	Brasil	SP	São Paulo
ABS – Quality Evaluations Inc.	Brasil	SP	São Paulo
TÜV Rheinland do Brasil Ltda.	Brasil	SP	São Paulo

Continua

---

[2] Disponível em: <http://www.inmetro.gov.br/credenciamento/credenciarOrg.asp>.

[3] Disponível em: <http://www.inmetro.gov.br/organismos/resultado_consulta.asp>.

Nome do Organismo	País	UF	Cidade
ABNT – Associação Brasileira de Normas Técnicas	Brasil	RJ	Rio de Janeiro
BVQI do Brasil Sociedade Certificadora Ltda.	Brasil	RJ	Rio de Janeiro
BSI Management Systems	Brasil	SP	São Paulo
SGS ICS Certificadora Ltda.	Brasil	SP	São Paulo
DNV – Det Norske Veritas Certificadora Ltda.	Brasil	RJ	Rio de Janeiro
Lloyd's Register do Brasil Ltda.	Brasil	RJ	Rio de Janeiro
BRTÜV Avaliações da Qualidade Ltda.	Brasil	SP	Barueri
IQA – Instituto da Qualidade Automotiva	Brasil	SP	São Paulo
DQS do Brasil Ltda.	Brasil	SP	São Paulo
TECPAR – Instituto de Tecnologia do Paraná	Brasil	PR	Curitiba
Instituto de Fomento e Coordenação Industrial	Brasil	SP	São José dos Campos
SAS Certificadora Ltda.	Brasil	MG	Belo Horizonte
CCB – Centro Cerâmico do Brasil	Brasil	SP	São Paulo
RINA – SpA	Itália		Gênova
ICQ Brasil – Instituto de Certificação Qualidade Brasil	Brasil	GO	Goiânia
ACTA – Supervisão Técnica Independente	Brasil	RJ	Rio de Janeiro
NCC Certificações do Brasil	Brasil	SP	Campinas
IFQB – Instituto Falcão Bauer da Qualidade	Brasil	SP	São Paulo
ITAC – Instituto Tecnológico de Avaliação e Certificação da Conformidade Ltda.	Brasil	PR	Curitiba
IBAMETRO – Instituto Baiano de Metrologia e Qualidade	Brasil	BA	Simões Filho
Instituto Totum de Desenvolvimento e Gestão Empresarial	Brasil	SP	São Paulo
EVS Brasil Certificadores de Qualidade	Brasil	SP	São Bernardo do Campo
Conceitos Serviços de Certificações Ltda.	Brasil	SP	São Bernardo do Campo

Continua

Nome do Organismo	País	UF	Cidade
APCER Brasil Certificações Ltda.	Brasil	SP	São Paulo
ABTG – Associação Brasileira de Tecnologia Gráfica	Brasil	SP	São Paulo
ABRACE – Avaliações Brasil de Conformidade e Ensaios Ltda.	Brasil	SP	São Paulo
Management Systems Certificações Ltda.	Brasil	SP	Mirandópolis
WQS Certificações	Brasil	SP	Botucatu
ICEPEX – Instituto de Certificação para Excelência na Conformidade	Brasil	SP	São Paulo
AENOR Serviços de Certificação Brasil Ltda.	Brasil	SP	São Paulo

Fonte: <http://www.inmetro.gov.br/organismos/resultado_consulta.asp>.

O certificado ISO 9001 tem validade de três anos. No entanto, as empresas certificadas devem passar por auditorias de manutenção, com periodicidade semestral ou anual. Nessas auditorias de manutenção, a empresa certificada, para manter seu certificado, deve prover evidências de que o sistema da qualidade continua a atender aos requisitos da ISO 9001 e que não conformidades identificadas em auditorias anteriores receberam o devido tratamento. Após o período de três anos, a empresa passa por um processo de recertificação para renovação do certificado por igual período.

Devem ser destacados ainda dois pontos importantes sobre o certificado de sistema da qualidade. Primeiro, o ISO 9001 não é um certificado de qualidade de produto. O certificado atesta que a empresa implementa um sistema de gestão da qualidade, baseado no modelo normativo ISO 9001:2015, com o objetivo principal de atendimento dos requisitos dos clientes. É claro que é de se supor que os produtos terão qualidade. Já um certificado de qualidade de produto atesta que o produto passou por uma série de testes e atendeu às exigências normativas, estabelecidas em normas específicas de produto. Vários são os produtos cujas especificações técnicas são estabelecidas em normas, como aparelhos eletroeletrônicos, produtos da construção civil, brinquedos etc. Portanto, a ISO recomenda que, na divulgação do certificado ISO 9001, não se deve sugerir que o produto tenha qualidade garantida, já que o certificado se refere à gestão do processo de realização do produto, e não ao produto em si.

Outro ponto importante é que o certificado faz referência ao "escopo" ou abrangência do sistema da qualidade. No caso de empresas com vários negócios, várias linhas de produtos, o sistema da qualidade implementado pode não abranger todos os negócios ou linhas de produto, por uma decisão da empresa em não incluir todos os produtos ou negócios no sistema da qualidade. No entanto, para aqueles negócios ou linhas de produtos cujo sistema da qualidade a empresa decidiu por certificar, não é permitida nenhuma exclusão; ou seja, o sistema da qualidade deve obrigatoriamente abranger todas as atividades, primárias e de suporte da cadeia de valor, relacionadas ao atendimento de requisitos relativos àquele negócio ou linha de produto. A empresa pode excluir do sistema apenas requisitos relacionados à realização do produto que sejam relacionados às atividades não executadas pela empresa. Por exemplo, a empresa pode não realizar atividade de desenvolvimento de produto. Nesse caso, é óbvio que seu sistema não fará referência ao requisito relacionado ao desenvolvimento de produto. Assim, exclusões de requisitos são permitidas apenas nesse caso, e devem ser declaradas no manual e no certificado.

A Figura 2.10 ilustra essa ideia da abrangência compulsória e opcional do sistema. Portanto, essa informação sobre escopo e exclusões do sistema da qualidade vem informada no certificado e, de novo, a ISO recomenda que na divulgação do certificado não se sugira uma abrangência maior que a especificada no certificado.

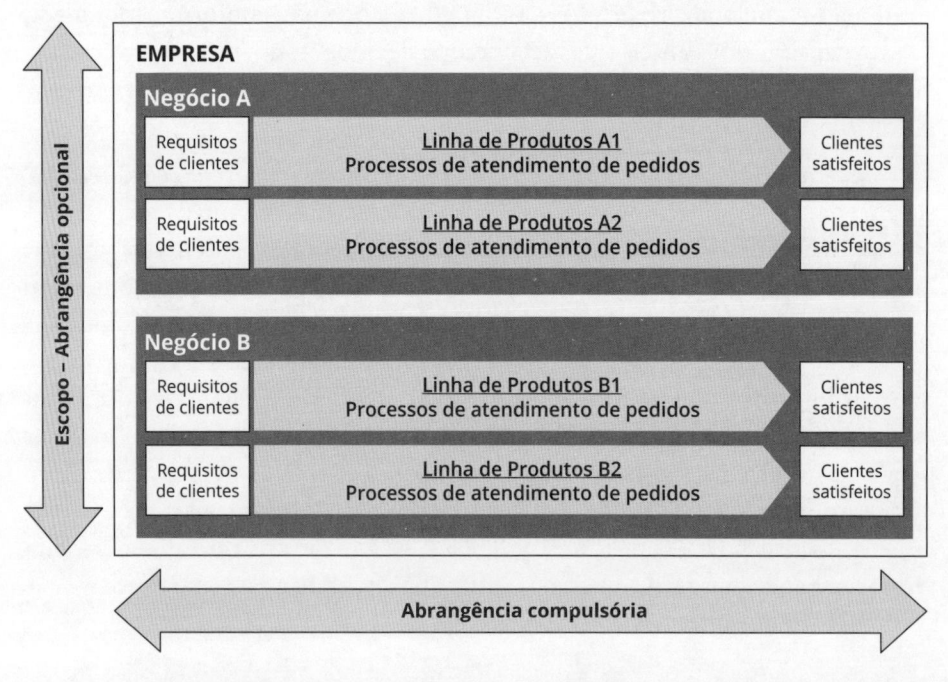

Figura 2.10 Abrangência de um sistema da qualidade.

A definição de um organismo certificador e a certificação propriamente dita constituem o último estágio de um processo de projeto e implementação de um sistema da qualidade, que se inicia pela decisão da empresa em implementar um sistema da qualidade certificado.

O organismo certificador deve ser escolhido com base em critérios como reputação no mercado, especialmente no mercado para o qual o certificado se destina, e adequação de preço de certificação ao orçamento da empresa. A nova edição da NBR ISO/IEC 17021 estabelece que a certificação inicial deva ser realizada em duas fases. Além dessas duas fases, opcionalmente a empresa pode solicitar que seja feita uma pré-auditoria de certificação, para dar oportunidade de a empresa corrigir aquelas não conformidades identificadas pelo organismo certificador e que certamente dificultariam ou impediriam a empresa de obter o certificado nas fases de auditoria.

Os próximos capítulos ampliarão essa discussão sobre o processo de implementação e certificação de um sistema da qualidade.

Processo de Implementação de um Sistema de Gestão da Qualidade

3

Não existe um jeito único de se implementar um sistema da qualidade ISO 9001. No entanto, independentemente da maneira escolhida, o planejamento do processo de implementação é de importância fundamental. Este capítulo apresenta uma sugestão de planejamento do processo de implementação, considerando as etapas fundamentais necessárias para implementar um sistema da qualidade ISO 9001:2015. Antes de iniciar a implementação do sistema de gestão da qualidade, é interessante que a organização faça uma avaliação pré-implementação, para aferir o grau de adequação das práticas de gestão da qualidade da organização em relação aos requisitos da ISO 9001:2015. Um instrumento de diagnóstico para a avaliação pré-implementação do sistema de gestão da qualidade ISO 9001:2015 está disponível no *site* do GEN, www.grupogen.com.br.

3.1 Implementação do sistema de gestão da qualidade

O processo de implementação apresentado a seguir considera que a organização inicialmente não atenda a nenhum dos requisitos da ISO 9001:2015. Portanto, a partir da avaliação preliminar das práticas de gestão da qualidade na organização (sugere-se a aplicação do instrumento de diagnóstico disponibilizado no site do GEN), é possível ter uma visão mais clara da extensão do processo de implementação do sistema da qualidade e a partir daí adaptar o processo proposto às reais necessidades da empresa.

O processo de implementação proposto aqui divide-se em cinco etapas, incluindo a etapa inicial de diagnóstico pré-implementação (denominada de Etapa 0):

- Etapa 0: diagnóstico da gestão da qualidade pré-implementação;
- Etapa I: levantamento de necessidades e planejamento do sistema;

- Etapa II: projeto do sistema;
- Etapa III: implantação;
- Etapa IV: auditoria de certificação.

As etapas I a IV são detalhadas a seguir:

Etapa I: levantamento de necessidades

Esta etapa inicia-se com a definição de uma equipe responsável pela condução da implementação do sistema. Essa equipe deve ser formada por pelo menos um membro da alta direção da organização e por pessoas designadas pela direção para assumir responsabilidades com a implementação do sistema. A presença de um membro da direção na comissão tem dupla importância: traz a visão e a contribuição da direção para o projeto e a implementação do sistema; e sinaliza a todos o envolvimento da alta direção com a implementação do sistema.

Até a edição anterior (2008), a ISO exigia que a organização indicasse um representante da direção para assuntos da qualidade. Na edição de 2015 não existe mais essa exigência. No entanto, pode ser que a empresa designe um representante da direção para coordenar a implementação. Os outros membros da comissão devem ser aqueles que a direção entenda que devem assumir papéis, com responsabilidades e autoridade, como estabelece o requisito 5.3 da edição 2015 da ISO 9001.

Nessa etapa de levantamento de necessidades, a equipe deve considerar os requisitos das cláusulas 4 e 6 da ISO 9001:2015, conforme sugerido a seguir:

a) **análise de contexto da organização (item 4.1 da norma)**: incluindo a identificação e revisão de questões internas e externas relacionadas aos objetivos estratégicos da organização e que devam ser consideradas para a implementação do sistema de gestão da qualidade, conforme estabelecido pela cláusula 4.1 da ISO 9001:2015;

b) **identificação das necessidades dos clientes e outras partes interessadas (item 4.2 da norma)**: a partir da análise dos produtos oferecidos e mercados atendidos, contextos interno e externo, procura-se identificar quais são as necessidades e expectativas das partes interessadas, conforme estabelecido pela cláusula 4.2 da ISO 9001:2015. Uma abordagem interessante é classificar as necessidades e expectativas como requisitos qualificadores (sem os quais a organização não atende minimamente os requisitos dos clientes, inclusive requisitos legais) e ganhadores de pedidos (que são aqueles que fazem a diferença). Deve-se também identificar os requisitos de outras partes interessadas, como, por exemplo, requisitos legais aplicáveis;

c) **análise de riscos e oportunidades (item 6.1 da norma)**: ainda como parte desta etapa de levantamento de necessidades, a equipe deve analisar os riscos e oportunidades para a gestão da qualidade, conforme requerido pela cláusula 6.1 da norma. Essa análise está diretamente relacionada à análise de contexto, considerando questões internas e externas, e a análise de requisitos e necessidades de clientes e outras partes interessadas.

Etapa II: projeto do sistema

Essa etapa pode ser dividida em três fases, conforme segue:

Etapa II – Fase 1: escopo, política e objetivos:

a) **definição do escopo do sistema da qualidade (item 4.3 da norma)**: a partir do mapeamento de produtos e mercados e respectivas necessidades e demandas, a empresa pode decidir pelo escopo do sistema, como estabelecido na cláusula 4.3 da norma. Como comentado na seção 2.3, o escopo do sistema refere-se à extensão de aplicabilidade do sistema, que pode não incluir todas as linhas de produtos ou negócios da empresa;

b) **definição da política e objetivos da qualidade (itens 5.2 e 6.2 da norma)**: o projeto do sistema deve começar pela definição da política e dos objetivos da qualidade, requisitos das cláusulas 5.2 e 6.2 da ISO 9001:2015. Os objetivos da qualidade devem ser alinhados à política da qualidade definida pela organização. Esses objetivos devem ser considerados no projeto do sistema da qualidade assim como em ações futuras, para a melhoria do sistema de gestão da qualidade. É importante que haja coerência entre a visão e a estratégia organizacional e a política e os objetivos da qualidade definidos.

Etapa II – Fase 2: mapeamento dos processos da organização

Baseada na abordagem por processos, a cláusula 4.4 estabelece que a organização, por meio de sua liderança (cláusula 5), deva determinar os processos necessários para o sistema de gestão da qualidade e a aplicação deles em toda a organização. De um modo geral, os processos do sistema de gestão da qualidade podem ser agrupados em:

- planejamento (cláusula 6);
- suporte (cláusula 7);

- operação (cláusula 8);
- avaliação de desempenho (cláusula 9);
- melhoria (cláusula 10).

A maior parte desses processos de gestão deve se integrar aos outros processos de gestão da organização. Por exemplo, "gerenciar recursos de medição e monitoramento" é um processo de gestão da qualidade que deve se integrar aos processos de gestão da produção. O mesmo pode ser dito de "gerenciar a qualidade de material/serviço fornecido", que deve se integrar aos processos de compra. Portanto, nessa fase de projeto do sistema é importante fazer um mapeamento dos processos da organização, identificando especialmente aqueles processos que são críticos para a gestão da qualidade. Seguindo o princípio de abordagem por processos, adotado pela ISO, sugere-se o seguinte conjunto de atividades sequenciais:

a) mapeamento dos processos primários e de suporte: o mapeamento dos processos auxilia a identificar as atividades da cadeia interna de valor da organização, de operação ou suporte, relacionadas a comercialização, desenvolvimento, produção, entrega e pós-entrega de bens e serviços;

b) mapeamento da estrutura funcional e cruzamento com os processos de negócio: visa identificar as áreas funcionais, as pessoas vinculadas a elas e as responsabilidades pelos diferentes processos de negócio da organização;

c) identificação dos processos críticos para gestão da qualidade e responsabilidade funcional: processos críticos são aqueles cujo resultado mais afeta o objetivo de atendimento dos requisitos dos clientes. Vários processos estabelecidos como requisito na ISO 9001:2015 se enquadram nessa categoria de processo crítico. Esse relacionamento é, na maioria das vezes, bastante evidente. Pode-se também construir uma matriz de relacionamento entre os requisitos dos clientes e os processos e atividades realizados pela empresa.

Uma vez mapeados os processos realizados pela organização, podem-se iniciar o planejamento e o detalhamento dos processos do sistema de gestão da qualidade. É muito importante que os processos de gestão da qualidade sejam integrados aos processos primários e de suporte desenvolvidos pela organização. Daí a importância de se mapearem previamente os processos da organização.

Etapa II – Fase 3: projeto dos processos de gestão da qualidade

Esta é a fase de maior duração, em que os processos e respectivos documentos são desenvolvidos. Como a implementação dos processos de gestão provavelmente levará à criação de novos documentos, a primeira tarefa desta fase consiste em definir qual será o padrão de documentação, caso a empresa ainda não tenha um. Devem fazer parte dessa definição o critério para codificação dos documentos e outros critérios para elaboração, aprovação, validação e distribuição dos documentos. Essa atividade culmina com a elaboração de um procedimento padrão de controle de documentos e registros, como discutido no Capítulo 7. Uma vez definidos o formato e o procedimento de controle da documentação e de registros, deve-se planejar o conteúdo do sistema da qualidade, conforme estabelece o requisito 4.4 (Capítulo 4) e o requisito 8.1, de planejamento da operação (Capítulo 8). Ou seja, para cada processo de gestão, a organização deve:

- estabelecer as atividades, a sequência e a interação entre elas, entradas e saídas: nesse detalhamento, é muito importante integrar essas atividades de gestão às atividades já desenvolvidas pela organização;
- determinar os métodos e técnicas que talvez sejam necessários para operação e os critérios necessários para controle dessas atividades;
- determinar os recursos necessários para viabilizar esses processos;
- designar para cada um desses processos pessoas com autoridade e responsabilidade: esse é um ponto muito importante. O sistema deve ser projetado pelas pessoas que serão usuárias do sistema de gestão. Portanto, neste momento é necessário identificar todos os recursos humanos que devem ser envolvidos no projeto do sistema para que sejam designadas responsabilidades pelas atividades;
- determinar quais serão os documentos necessários, procedimentos e registros, para implementação das atividades de gestão. É provável que nessa etapa ainda não se tenha total clareza sobre quais devem ser os procedimentos e registros que farão parte do sistema da qualidade. A revisão e a inclusão de novos documentos faz parte da melhoria futura do sistema.

Mesmo antes da implementação de todos os processos de gestão, convém elaborar uma primeira versão do manual da qualidade. Mesmo não sendo um documento exigido pela ISO 9001:2015 (observa-se que o manual era um documento obrigatório até a edição de 2008 da norma), ajuda a planejar o sistema da qualidade, desenvolvendo uma visão geral do sistema da qualidade, incluindo política, objetivos, os processos de gestão da qualidade e documentos auxiliares. No entanto, essa primeira versão deve ser oportunamente atualizada ao longo do processo de implementação do sistema.

Etapa III: implantação

A terceira etapa do processo corresponde à implantação do sistema, ou seja, a colocação dos procedimentos em prática. A implantação deve ser feita à medida que os procedimentos vão sendo desenvolvidos, o que possibilita a identificação de necessidades de ajustes. Assim, nessa etapa de implantação, as seguintes atividades devem ser desenvolvidas:

1. treinamento nos procedimentos de trabalho;
2. implantação dos processos, procedimentos e outros documentos;
3. revisão dos processos, procedimentos e documentos;
4. treinamento de auditores internos;
5. auditoria interna;
6. análise de auditorias e definição de planos de ação;
7. acompanhamento de ações de melhoria (análise crítica).

Etapa IV: auditoria de certificação

Esta etapa conclui o processo de implementação com a certificação do sistema da qualidade. Para isso, as seguintes atividades devem ser realizadas:

1. definição do organismo certificador (para essa definição e sugestões, ver Capítulo 2);
2. planejamento e realização das auditorias;
3. análise de resultados e tomada de ações para a melhoria do sistema.

Como já observado no Capítulo 2 (seção 2.3), é recomendável a realização de pré-auditorias, que devem ser realizadas pelo organismo certificador na fase final de implantação do sistema da qualidade. Dessa forma, tem-se a oportunidade de identificar possíveis não conformidades, que podem ser corrigidas antes da auditoria final de certificação.

3.2 Cronograma físico de implementação do sistema de gestão da qualidade

A rigor, não existe um tempo definido para cada uma das etapas de implementação. Dependendo do porte e da complexidade da organização, o tempo de implementação pode variar de alguns meses a mais de um ano. O planejamento da implementação deve também considerar a abrangência do sistema da qualidade e os outros aspectos destacados anteriormente (porte e complexidade da empresa etc.). Esses aspectos vão, obviamente, influenciar as decisões de como atender os requisitos normativos, bem como definir a documentação do sistema da qualidade, aspectos destacados nos próximos capítulos.

Para as Etapas II e III, de projeto e implantação do sistema de gestão, por serem mais longas e dependentes de vários recursos, técnicas de gestão de projeto podem auxiliar no gerenciamento da integração, de escopo, custo, tempo etc.[1]

A Figura 3.1 resume as etapas e fases para a implementação de um sistema de gestão da qualidade ISO 9001:2015.

Etapa 0 – Diagnóstico pré-implementação	Etapa I – Levantamento das necessidades e planejamento do sistema	
Etapa II – Projeto do Sistema	**Etapa III – Implantação**	**Etapa IV – Auditoria de certificação**
II-1 – Definição do escopo, política e objetivos do sistema da qualidade	III-1 – Treinamento nos procedimentos de trabalho	IV-1 – Definição do organismo certificador
II-2 – Mapeamento dos Processos da Organização	III-2 – Implantação dos processos, procedimentos e outros documentos	IV-2 – Planejamento e realização das auditorias
II-3 – Projeto dos processos de gestão da qualidade	III-3 – Revisão dos processos, procedimentos e documentos	IV-3 – Análise de resultados e tomada de ações para a melhoria do sistema
	III-4 – Treinamento de auditores internos	
	III-5 – Auditoria interna	
	III-6 – Análise de auditorias e definição de planos de ações	
	III-7 – Acompanhamento de ações de melhoria (análise crítica)	

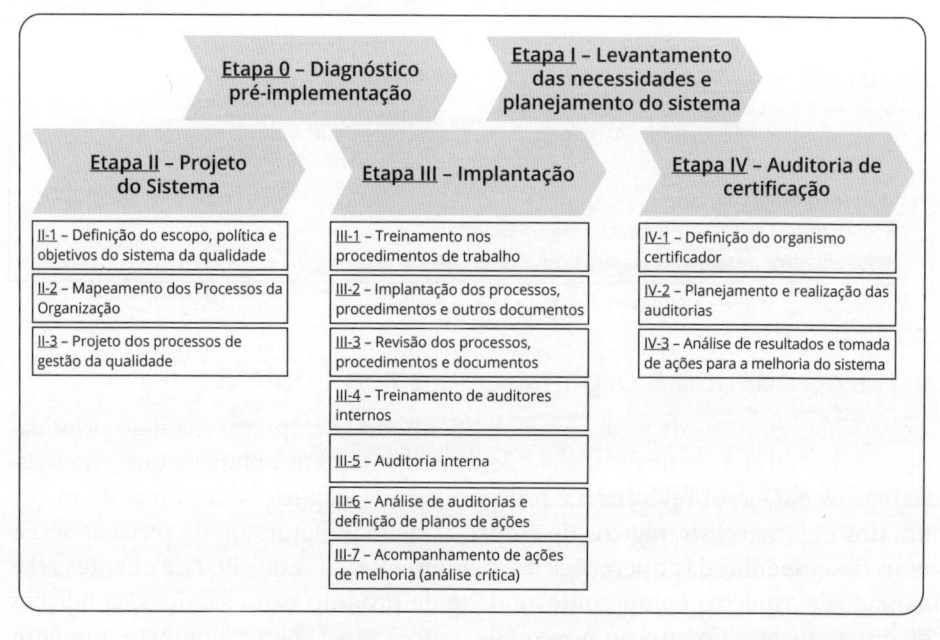

Figura 3.1 Visão geral do processo de implementação do sistema de gestão da qualidade ISO 9001:2015.

---

[1] PMI – Project Management Institute, PMBOK. Disponível em: <https://brasil.pmi.org/brazil/AboutUs/WhatIsProjectManagement.aspx>.

Contexto da Organização

4

A cláusula 4 da ISO 9001:2015 apresenta requisitos para que a organização planeje e implemente o sistema da qualidade a partir da análise de objetivos estratégicos da empresa e requisitos e expectativas das partes interessadas. Os requisitos dessa cláusula são divididos em quatro tópicos, comentados a seguir.

Principais mudanças em relação à ISO 9001:2008:
- o requisito de documentação sai da cláusula 4 e vai para a cláusula 7 da edição de 2015;
- a cláusula 4 da ISO 9001:2015 inclui novos requisitos de análise de contexto, necessidades e expectativas das partes interessadas e definição de escopo.

Informação documentada obrigatória:
- escopo do sistema de gestão da qualidade;
- justificativa para exclusão de algum requisito da cláusula 8.

4.1 Entendendo a organização e seu contexto

As boas práticas de gestão recomendam que as empresas definam prioridades de melhoria a partir da análise de desempenho em objetivos que sejam estratégicos para a sobrevivência e prosperidade do negócio. É muito comum que um dos objetivos estratégicos de empresas de manufatura ou de serviços seja o bom desempenho das operações de atendimento de requisitos de clientes relacionados a aspectos como conformidade de produto e/ou serviços, condições de entrega, atendimento no pós-venda, entre outros. Nesse contexto, um fator crítico de sucesso é a capacidade da empresa em gerenciar suas operações de produção de modo a minimizar o risco de não atendimento dos requisitos dos clientes. Portanto, a implementação de um sistema da qualidade pode ser entendida como um investimento em uma área ou fator crítico para o bom desempenho e sucesso do negócio.

Na cláusula 4.1, a ISO 9001:2015 estabelece que a empresa deve determinar questões internas e externas relacionadas ao objetivo estratégico de desempenho das operações e que possam comprometer a eficácia de seu sistema da qualidade para a minimização do risco de não atendimento dos requisitos dos clientes. Como exemplo de questões relacionadas ao ambiente externo, podem ser citadas mudanças na política macroeconômica, nacional e internacional, mudanças relacionadas às questões legais e mudanças no mercado alvo e seus competidores. As questões internas que podem afetar o sistema da qualidade são várias e já são consideradas por exigência dos requisitos das cláusulas 7 e 8 da ISO 9001:2015, como, por exemplo, comprometimento e conscientização das pessoas com a qualidade, conhecimento organizacional e competências. A análise dos ambientes externo e interno é um pré-requisito importante para as atividades de identificação das necessidades das partes interessadas e de planejamento e mudança do sistema, requisitos estabelecidos nas cláusulas 4.2 e 6.3 da ISO 9001:2015. Alguns trabalhos acadêmicos sobre estratégia de manufatura podem contribuir para essa análise. Um deles, proposto por Platts e Gregory (1991), sugere os passos apresentados na Figura 4.1 para a análise do ambiente e do sistema de produção visando à proposição de melhorias.

Processo de revisão da estratégia de manufatura

Etapa I – Análise do ambiente externo
- ✓ O que o mercado quer? (qualidade, entrega, flexibilidade, custo etc.)
- ✓ Como o sistema desempenha?
- ✓ Quais são as oportunidades e ameaças?

Etapa II – Análise do ambiente interno
- ✓ Como é o sistema de produção atual? (instalações, capacidade, processos produtivos, recursos humanos, fornecedores etc.)

Etapa III – Estratégia e plano de ação
- ✓ O que precisa ser feito para melhorar?
- ✓ Qual a estratégia de manufatura?

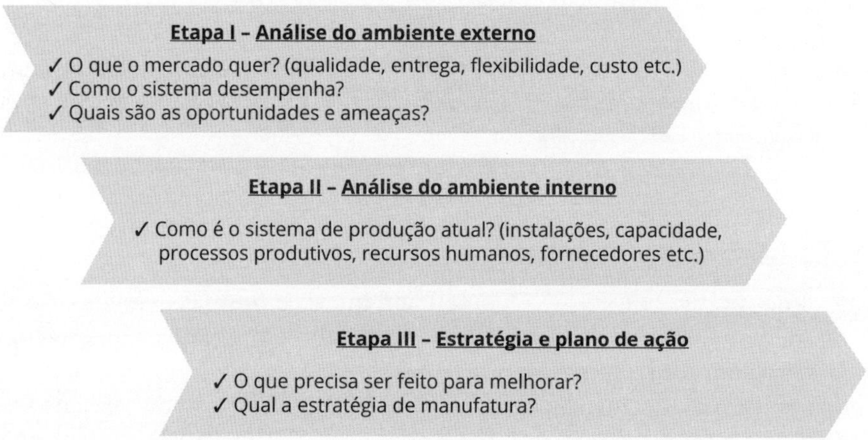

Fonte: Baseada em Platts e Gregory (1991).

Figura 4.1 Processo de revisão da estratégia de manufatura.

Com relação à estratégia de negócios, uma ferramenta muito utilizada e que pode auxiliar as organizações no cumprimento dessa cláusula 4.1 é a Matriz SWOT, que significa uma análise interna dos pontos fortes (S, de *strengths*) e dos pontos fracos (W, de *weaknesses*) do negócio, assim como uma análise do ambiente externo, tanto das oportunidades (O, de *opportunities*) como das ameaças (T, de *threats*). Em português, muitos denominam essa ferramenta como Matriz

FOFA (Forças, Oportunidades, Fraquezas, Ameaças). Assim, o uso contínuo de uma Matriz SWOT desdobrada para o sistema de gestão da qualidade pode representar uma evidência de que a organização atende à cláusula 4.1 da ISO 9001:2015.

4.2 Entendendo as necessidades e expectativas das partes interessadas

Nesse tópico, a ISO 9001:2015 estabelece que a empresa deve identificar as partes interessadas e seus requisitos (relevantes para o sistema de gestão), e monitorar constantemente essas informações. Ainda que bastante importante, os clientes externos não são os únicos interessados no negócio (ou resultados do negócio). Outras partes interessadas importantes que devem ser consideradas quanto às suas necessidades e expectativas são os fornecedores e os organismos reguladores. Os acionistas da empresa também são parte interessada, mas obviamente suas expectativas já são definidas a partir dos objetivos e metas estratégicas do negócio.

As necessidades dos clientes são os requisitos dos clientes. É muito importante que esses requisitos sejam completamente mapeados e que as expectativas quanto a eles sejam claramente identificadas. Os requisitos de clientes mais comuns são:

- conformidade do produto ou serviço com especificações de produto do cliente ou de normas técnicas;
- conformidade da entrega com especificações do cliente quanto a aspectos como índice de qualidade aceitável, prazo, pontualidade e acurácia da entrega;
- conformidade com requisitos ambientais e trabalhistas, legais ou não;
- suporte no pós-venda, seja para resolução de problemas ou suporte técnico para instalação, operação e manutenção;
- certificações ISO 9001, ISO 14001, OHSAS 18001 e outras.

As expectativas dos clientes precisam também ser claramente entendidas para que a empresa possa estabelecer suas metas de desempenho no atendimento dos requisitos ou, quando for o caso, negociar com os clientes a flexibilização dessas expectativas.

Mas é claro que os clientes não são todos iguais. Além de o conjunto de requisitos e expectativas variar, existem clientes mais exigentes, mais importantes. Existem clientes que exigem certificações como ISO 9001 e outras. Existem clientes que não exigem certificação, mas exigem evidências de que a empresa atende aos requisitos da ISO 9001 e de outras normas de sistemas de gestão mais específicas. Portanto, o sistema de gestão da qualidade deve ser planejado e implementado pensando naqueles clientes que devam ser prioritariamente atendidos. Vale lembrar que a organização tem a opção de certificar apenas parte de seu negócio, uma planta ou mesmo uma linha de produtos daqueles clientes que assim o queiram, conforme comentado no Capítulo 2 (item 2.3) e também no item a seguir (4.3) deste capítulo. Por consequência, no longo prazo, todos os tipos de clientes serão beneficiados.

Outra parte interessada importante é aquela formada pelos organismos reguladores, como os órgãos de vigilância sanitária, saneamento ambiental e segurança no trabalho, entre outros. Atender às exigências legais é compulsório. Portanto, esses requisitos são prioritários e o atendimento deles deve ser gerenciado pelo sistema da qualidade ou outro sistema de gestão mais correlato.

Percebe-se neste requisito da ISO 9001:2015 uma forte relação com a cláusula 8.2 da ISO 9001:2015, que estabelece que a empresa deve ter procedimentos de rotina para gerenciar o relacionamento com o cliente, incluindo aí a determinação dos requisitos dos clientes e outras partes interessadas.

Outra parte interessada importante de uma empresa são seus fornecedores, especialmente no contexto de grande horizontalização das cadeias produtivas. Saber o que os fornecedores querem e precisam é fundamental para o desenvolvimento dos fornecedores e consequente melhoria da capacidade deles para o atendimento dos requisitos de fornecimento. Ainda que a cláusula 8.4 da ISO 9001:2015, que estabelece requisitos para controle de produtos e serviços adquiridos externamente, não recomende ações para o desenvolvimento de fornecedores, essa é uma prática recomendada para a gestão de fornecedores e se baseia no princípio de gestão do relacionamento.

Finalmente, os funcionários de uma empresa são também uma das partes interessadas da empresa. Considerando que existe uma clara relação de dependência entre o engajamento dos funcionários e a eficácia do sistema de gestão, é importante que os requisitos dos funcionários sejam constantemente monitorados e na medida do possível contemplados. Atender aos requisitos dos funcionários contribui para a motivação e o comprometimento deles com o propósito de gestão da qualidade; e, portanto, ajuda a implementar os outros requisitos do sistema de gestão da qualidade.

A identificação das necessidades das partes interessadas, como bem colocado pela ISO 9001:2015, faz parte do processo de análise de contexto e é essencial para planejamento e mudança do sistema da qualidade. Nesse sentido, além da proposta de processo de análise apresentada na Figura 4.1, Neely, Adams e Kennerley propuseram um processo de análise e levantamento de necessidades de melhoria a partir das necessidades das partes interessadas, como apresentado na Figura 4.2.

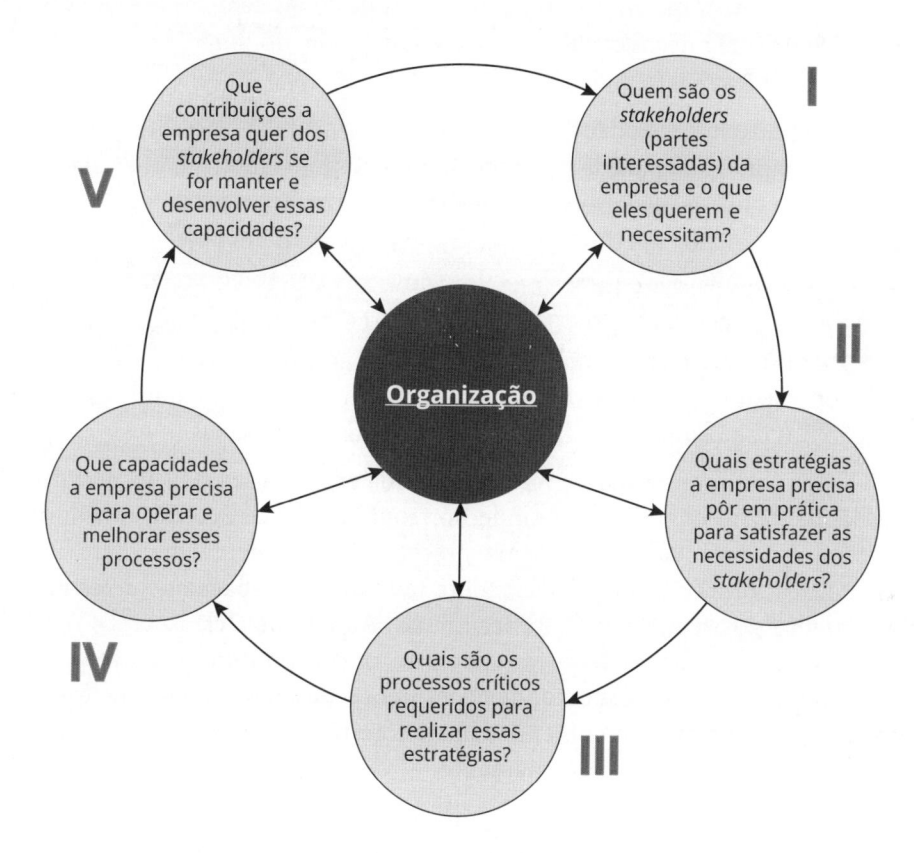

Diagrama circular com a **Organização** no centro, conectada a cinco elementos:

- **I** — Quem são os *stakeholders* (partes interessadas) da empresa e o que eles querem e necessitam?
- **II** — Quais estratégias a empresa precisa pôr em prática para satisfazer as necessidades dos *stakeholders*?
- **III** — Quais são os processos críticos requeridos para realizar essas estratégias?
- **IV** — Que capacidades a empresa precisa para operar e melhorar esses processos?
- **V** — Que contribuições a empresa quer dos *stakeholders* se for manter e desenvolver essas capacidades?

Fonte: Baseada em Neely, Adams e Kennerley (2002).

Figura 4.2 Processo de direcionamento estratégico.

4.3 Determinando o escopo do sistema de gestão da qualidade

A empresa deve definir o escopo ou abrangência do sistema da qualidade. Como já observado na seção 2.3 deste livro, o escopo se refere a quais produtos e serviços fazem parte do sistema da qualidade; ou seja, quais produtos têm suas operações de produção e entrega gerenciadas conforme os requisitos do sistema da qualidade da empresa. O texto da norma deixa claro que o sistema da qualidade da empresa deve contemplar todos os requisitos da ISO 9001:2015 aplicáveis às operações de produção e entrega dos produtos que estejam no escopo do sistema. A empresa pode excluir do sistema apenas requisitos relacionados a atividades que não façam parte da cadeia de valor do produto ou serviço incluído no escopo do sistema da qualidade. Na prática, as exclusões possíveis são de requisitos da cláusula 8, operação, e da cláusula 7.1.6, recursos de monitoramento e medição. Por exemplo, a empresa não realiza atividades no pós-entrega; portanto, nesse caso, o requisito relacionado a essa atividade não faria parte do sistema da qualidade da empresa. Portanto, o sistema da qualidade da empresa deve atender aos requisitos da ISO 9001, mas ao mesmo tempo ser condizente com as operações da organização.

A ISO 9001:2015 estabelece que a *informação sobre o escopo deve ser documentada (obrigatoriamente)*, incluindo detalhes sobre quais produtos e serviços fazem parte do escopo do sistema. E caso o sistema não inclua algum requisito da ISO 9001:2015, a *justificativa para tal exclusão deve ser igualmente documentada*. Mas deve-se observar que a única justificativa aceitável para a exclusão é o fato de o requisito não ser aplicável às atividades da cadeia de valor do produto ou serviço incluído no escopo do sistema.

A ISO 9001:2015 recomenda que a definição do escopo seja feita com base na análise das informações sobre contexto da organização e requisitos das partes interessadas. Essa análise levará a empresa a incluir no escopo do sistema aqueles produtos e serviços para os quais seja estratégico investir na melhoria do atendimento dos requisitos dos clientes e outras partes interessadas. Na prática, muitas vezes por restrição financeira, o escopo do sistema é restringido, num primeiro momento, àqueles produtos e serviços cujos clientes ou potenciais clientes exijam certificação. À medida que a empresa vai ganhando maturidade na gestão da qualidade, o investimento para inclusão dos outros produtos e serviços da empresa diminui e, portanto, com o tempo, a empresa pode ampliar o escopo de seu sistema da qualidade.

4.4 Sistema de gestão da qualidade e seus processos

Esta cláusula enfatiza a importância da abordagem de processos para a gestão da qualidade. A norma estabelece que, para a implementação do sistema da qualidade, a organização deve determinar os processos de gestão da qualidade. Ou seja, os requisitos da ISO 9001:2015 devem ser implementados como processos de gestão, que requerem uma ou mais entradas, desenvolvem um conjunto de atividades e geram uma ou mais saídas. Por exemplo, a cláusula 5.2 estabelece o requisito da política da qualidade. Portanto a definição e a revisão da política da qualidade formam um processo, cujas entradas são informações sobre missão e visão do negócio, objetivos estratégicos, expectativas e necessidades das partes interessadas, entre outras; e a saída é a própria política da qualidade. Já a cláusula 8.2.3 especifica o critério de revisão dos requisitos relacionados a produtos e serviços. A atividade de revisão tem como entrada o conjunto de requisitos e como saída o conjunto de requisitos revisados.

Portanto, a ISO 9001:2015 estabelece que o sistema da qualidade deve ser planejado e implementado como um conjunto de processos. Estabelece também que a organização deve determinar os processos necessários para o sistema de gestão da qualidade. Nesse sentido, a organização deve:

a) determinar, para cada processo de gestão, as entradas requeridas e as saídas esperadas;

b) estabelecer a sequência e a interação entre os processos de gestão e respectivas entradas e saídas;

c) determinar e aplicar os critérios e métodos necessários para operação e controle desses processos;

d) determinar os recursos necessários para viabilizar esses processos;

e) designar para cada um desses processos pessoas com autoridade e responsabilidade;

f) tratar riscos e oportunidades decorrentes da análise de riscos e oportunidades definida como requisito na cláusula 6.1;

g) avaliar esses processos e implementar mudanças consideradas necessárias para que esses processos atinjam os resultados esperados;

h) melhorar os processos e o sistema de gestão da qualidade.

Finalmente, esse sistema de processos de gestão precisa ser explicitado de alguma forma. A ISO 9001:2015 estabelece que a organização deve manter informações documentadas sobre esses processos de gestão. No entanto, cabe à organização determinar quais processos de gestão devem ser documentados e qual o grau de detalhamento da documentação desses processos. A ISO 9001 também estabelece que a organização deve reter evidências documentais (registros) de que esses processos estão de fato sendo executados. A Figura 4.3 representa esse sistema de processos de gestão e os requisitos estabelecidos pela ISO 9001:2015 para implementar, manter e melhorar continuamente um sistema de gestão da qualidade.

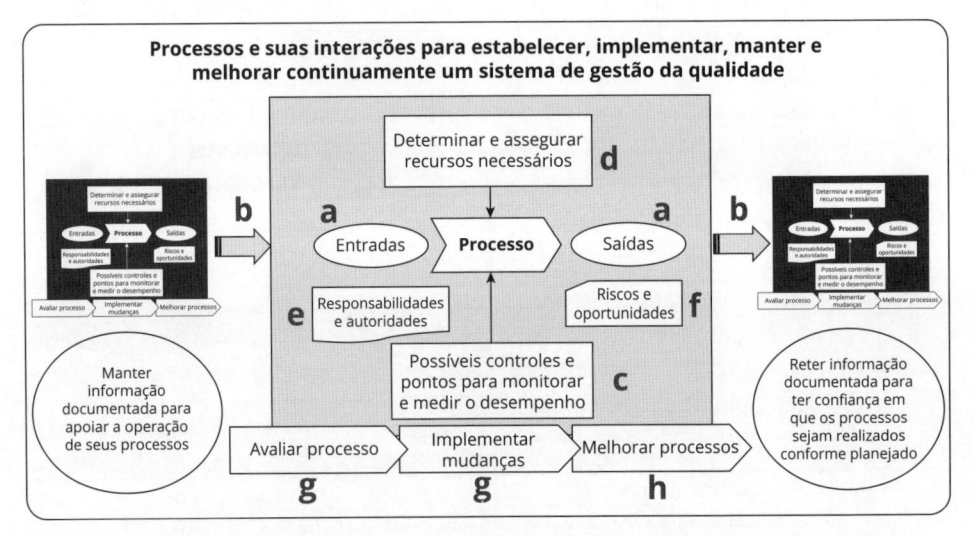

Figura 4.3 Requisitos da ISO 9001:2015 para implementar, manter e melhorar os processos do sistema de gestão da qualidade (as letras correspondem aos itens listados na seção 4.4).

A explicitação dos processos de gestão é normalmente feita por meio de procedimentos de operação. Esses procedimentos podem ser puramente textuais ou uma combinação de informação textual com ilustrações. O modelo SIPOC, apresentado na Figura 2.3 (Capítulo 2), pode ser usado para representar os elementos de um processo. Alternativamente, ilustrações, como a apresentada na Figura 4.4, podem ser usadas para mostrar o fluxo de informações e materiais entre atividades e recursos humanos envolvidos nas atividades. A quantidade de procedimentos e o grau de detalhamento desses procedimentos ficam a critério de cada organização, devendo ser suficientes para capacitar as pessoas envolvidas para a execução das atividades dentro dos padrões, assim como para prover evidências, em auditorias externas e internas, de que a organização tem um sistema de gestão da qualidade implementado. A seção 7.5, no Capítulo 7, apresenta e discute os requisitos relacionados a criação, atualização e controle de informação documentada.

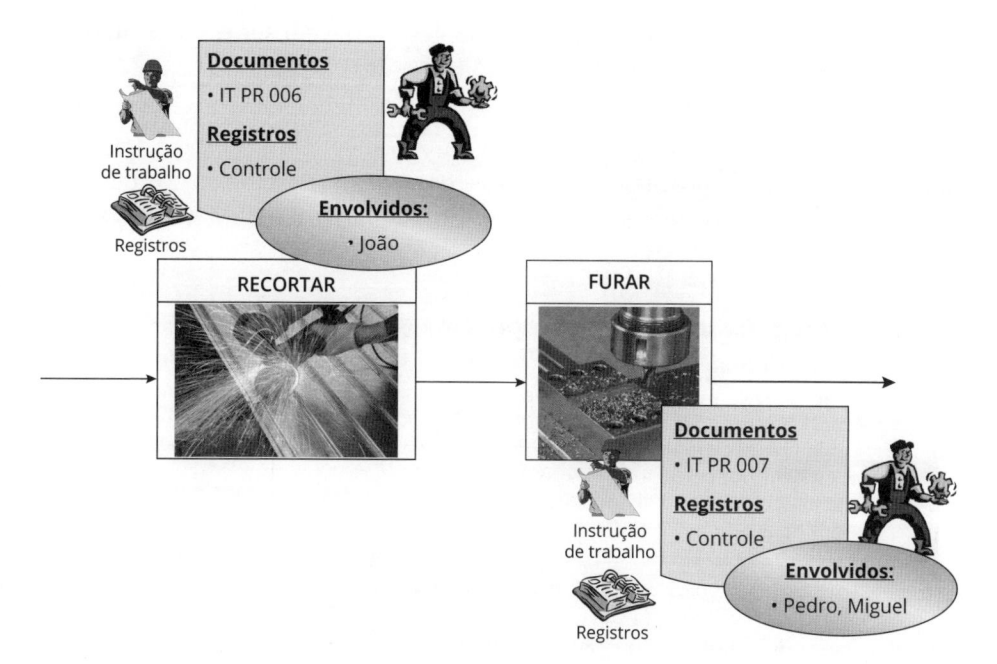

Figura 4.4 Exemplo de procedimento operacional ilustrado.

Liderança 5

A cláusula 5 da ISO 9001:2015 apresenta requisitos relacionados ao papel da liderança na implementação e manutenção do sistema da qualidade. Os requisitos dessa cláusula são divididos em três tópicos, comentados a seguir.

> Principais mudanças em relação à ISO 9001:2008:
> - a cláusula 5 desta edição deixa de ser denominada Responsabilidade da Direção, como era na edição de 2008;
> - os requisitos de planejamento passam a fazer parte da cláusula 6 da ISO 9001:2015, específica sobre planejamento do sistema da qualidade;
> - o requisito de comunicação passa para a cláusula 7 da ISO 9001:2015;
> - o requisito de análise crítica pela direção passa para a cláusula 9 da ISO 9001:2015;
> - a figura de Representante da Direção para assuntos da qualidade deixa de ser um requisito na edição de 2015.
>
> Informação documentada obrigatória:
> - política da qualidade.

5.1 Liderança e comprometimento

5.1.1 Liderança e comprometimento com o sistema de gestão da qualidade

As teorias de gestão são unânimes ao apontar as atitudes e práticas da liderança como causas-raiz do sucesso ou insucesso de ações gerenciais para melhoria e mudança. A implementação e manutenção de um sistema de gestão da qualidade depende fundamentalmente da liderança. A Figura 2.1, no Capítulo 2, ilustra essa ideia de dependência da liderança para a melhoria da eficácia e eficiência de um sistema de gestão, contribuindo para com o resultado final de satisfação dos *stakeholders*. Ou seja, a alta gerência da organização deve prover evidências de liderança e comprometimento com o sistema de gestão da qualidade. Para isso, a seção 5.1 da ISO 9001:2015 estabelece vários requisitos relacionados às práticas e atitudes da alta gerência da organização.

O primeiro desses requisitos é que a alta gerência da organização deve assumir a responsabilidade pela eficácia (ou falta de eficácia) do sistema da qualidade. Essa responsabilidade se desdobra em outras responsabilidades de liderança e comprometimento que visam assegurar a boa implementação de outros requisitos da ISO 9001:2015. Assim, a cláusula 5.1.1 da norma estabelece que a alta gerência deve evidenciar liderança e comprometimento com a implementação e melhoria de práticas por meio de:

a) responsabilidade: a alta gerência deve tomar para si a responsabilidade pela eficácia do sistema da qualidade;

b) estabelecimento da política da qualidade (cláusula 5.2) e dos objetivos da qualidade (cláusula 6.2): a alta gerência deve liderar a definição da política e objetivos da qualidade e assegurar que sejam, ao mesmo tempo, compatíveis com o contexto em que a organização se insere e desdobrados da estratégia geral definida para a organização;

c) integração: a alta gerência deve garantir que os processos de negócio da organização incorporem os requisitos do sistema da qualidade, garantindo assim a integração entre os requisitos do sistema e os processos da organização;

d) abordagem por processos e análise de risco: a alta gerência deve promover a adoção das abordagens de visão e gestão por processos e de análise de riscos (*risk-based thinking*);

e) recursos (cláusula 7.1): a alta gerência deve assegurar que os recursos necessários para o sistema de gestão da qualidade estejam disponíveis;

f) comunicação (7.4): a alta gerência deve assegurar que o requisito de comunicação seja eficazmente implementado, de forma que as pessoas da organização sejam comunicadas adequadamente sobre a importância de uma gestão da qualidade eficaz, que atenda aos requisitos de gestão estabelecidos na ISO 9001;

g) resultados e eficácia do sistema: a alta gerência deve assegurar que o sistema da qualidade atinja os resultados planejados;

h) liderança do pessoal: a alta gerência deve engajar, direcionar e dar apoio às pessoas da organização para contribuir para a eficácia do sistema de gestão da qualidade, apoiando também outras iniciativas para evidenciar seu papel de liderança nas suas áreas de responsabilidade;

i) melhoria (cláusula 10): a alta gerência deve realizar a análise crítica do sistema da qualidade (cláusula 9.3) e promover a melhoria contínua e assegurar que o sistema de gestão da qualidade atinja os resultados esperados.

5.1.2 Foco no cliente

Nessa cláusula, a ISO 9001:2015 estabelece que a alta gerência deve demonstrar liderança e comprometimento com o princípio de foco no cliente e com as práticas gerenciais que fortaleçam o foco no cliente. Nesse tópico, a norma também enfatiza as responsabilidades de liderança e comprometimento para assegurar a boa implementação de outros requisitos da ISO 9001:2015, conforme segue:

a) determinação de requisitos de produtos e serviços (cláusula 8.2): a alta gerência deve assegurar que requisitos dos clientes e requisitos legais ou de organismos reguladores sejam identificados e atendidos de forma consistente;

b) ações para tratar de riscos e oportunidades (cláusula 6.1): a alta gerência deve assegurar que sejam determinados e tratados os riscos e oportunidades que possam afetar a conformidade de produtos e serviços ou que possam afetar a habilidade para melhorar a satisfação dos clientes;

c) operação (cláusula 8) e medição da satisfação do cliente (cláusula 9.1.2): a alta gerência deve assegurar que se mantenha o foco na melhoria da satisfação dos clientes.

Isso significa que, ainda que essas atividades sejam executadas por várias funções e atividades da cadeia produtiva, cabe à alta gerência a responsabilidade maior pelo atendimento dos requisitos dos clientes e pela constante melhoria da satisfação do cliente.

A Figura 5.1 sintetiza os aspectos de liderança considerados pela ISO 9001:2015 nos requisitos da cláusula 5.1, agrupados em atitudes, atribuições e princípios.

Princípios de liderança:
- Foco no cliente
- Melhoria
- Engajamento de pessoas
- Abordagem por processos
- Abordagem baseada em riscos

Atribuições da liderança:
- Desdobramento da estratégia (política da qualidade)
- Disponibilidade de recursos
- Comunicação sobre a qualidade
- Integração (dos requisitos do sistema da qualidade)

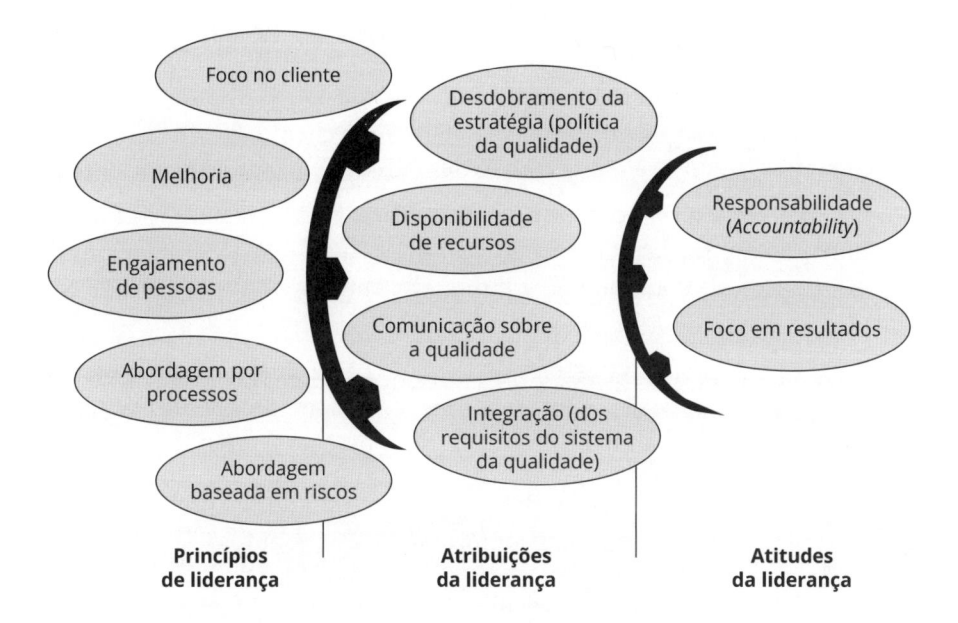

Atitudes da liderança:
- Responsabilidade (*Accountability*)
- Foco em resultados

Figura 5.1 Aspectos de liderança considerados pela ISO 9001:2015.

5.1.3 Por que liderança é importante e como liderar?

A ISO 9001, em todas as cláusulas de requisitos, estabelece apenas o que deve ser feito e não como deve ser feito. No caso dos requisitos relacionados a liderança e comprometimento, como isso pode ser feito? Conforme já apresentado no Capítulo 2, é importante entender que gestão e liderança não são a mesma coisa, embora complementares e importantes para qualquer organização. No entanto, quando as empresas começam a preparar as pessoas para seus cargos executivos, elas normalmente ignoram a teoria que argumenta que nem todas as pessoas terão, ao mesmo tempo, a capacidade para gerenciar e liderar. Na verdade gestores-líderes de alto desempenho não são encontrados facilmente. Uma vez que as organizações entendam as diferenças fundamentais entre liderança e gerenciamento, elas poderão começar a tratar suas pessoas-chave para promover tanto o gerenciamento como a liderança, seja por indivíduos diferenciados, seja por equipes de gestão com habilidades diferentes entre seus membros (KOTTER, 1990).

A literatura sobre gestão, de modo geral, define liderança como a habilidade de montar equipes de alto desempenho e motivar as pessoas a buscar um desempenho melhor, atingindo ou superando metas de desempenho pessoais e organizacionais, sempre considerando, respeitando e responsabilizando-se por aspectos éticos e socioambientais. A literatura também tem discutido os diferentes estilos de liderança, suas vantagens e desvantagens e as relações com atividades de gestão. Além dos domínios das atividades de gerenciamento, as organizações precisam de pessoas com habilidades de liderança, que possam (KOTTER, 1990; GOLEMAN, 1998):

- estar preparados para lidar com os desafios das mudanças organizacionais;
- estabelecer uma visão de futuro, uma missão para a organização e um conjunto de estratégias para se alcançar a visão, definindo prioridades, e ainda ser capazes de comunicá-las a todos os membros de forma clara;
- inspirar e alinhar as pessoas em direção do objetivo comum, criando coalisões e mantendo as pessoas no caminho certo, conhecendo e respeitando suas necessidades, valores e emoções, e compreendendo que o conjunto de valores compartilhados entre as pessoas é refletido pela cultura organizacional predominante;
- demonstrar, além do seu reconhecido nível de QI (quociente intelectual), que possui um alto QE, ou seja, quociente emocional, também conhecido como inteligência emocional, que inclui: autoconsciência, autodisciplina, motivação, empatia e habilidades sociais;
- considerar diferentes situações e contextos, refletir sobre as oportunidades e assumir riscos calculados;
- considerar os diferentes *stakeholders* do negócio, clientes, acionistas, fornecedores, funcionários, comunidade, governo etc. e como as interações devem acontecer para benefício mútuo;
- transmitir credibilidade por meio de seu comportamento, do conteúdo de suas mensagens, de sua reputação, de sua integridade e da consistência entre suas palavras e suas ações;
- investir seu tempo com as pessoas, envolvendo-as nos processos de tomada de decisão, realizando *coaching* e emitindo *feedback*; reconhecendo as pessoas pelo empenho e recompensando-as pelo sucesso, enfim, fazendo as pessoas se sentirem pertencentes à organização e tornando o trabalho por si mesmo intrinsecamente motivador;
- compreender que a comunicação eficaz é a alma da boa liderança e deve ser trabalhada em um nível muito mais elevado do que o requerido normalmente em funções gerenciais de coordenação;
- assumir total responsabilidade pela sucessão, ou seja, pelo reconhecimento e desenvolvimento de novos líderes na organização. Esse talvez seja o trabalho mais nobre e a responsabilidade número 1 de qualquer bom líder.

É bastante evidente a relação entre esses atributos e o requisito de liderança e comprometimento da ISO 9001:2015. Portanto, o primeiro ponto importante sobre "como liderar" é que a alta gerência não pode se furtar da responsabilidade de definir claramente o caminho a seguir e de rever o progresso. Sobre isso, os gerentes podem se instrumentalizar com várias técnicas de gestão, como a gestão pelas diretrizes (CAMPOS, 2013) ou o mapeamento estratégico proposto por Kaplan e Norton (1996), entre outras técnicas.

O estilo com que o líder conduz seus liderados pode interferir nos resultados alcançados. As teorias sobre lideranças caracterizam vários estilos de liderança, como o autoritário, o coercivo, o democrático, o paternalista, entre outros (GOLEMAN, 2010). A opinião geral é que o melhor resultado se obtém da combinação mais adequada entre os vários estilos diferentes de liderança e a cultura organizacional, combinação essa que obviamente deveria levar aos resultados pretendidos definidos na visão e nos planos estratégicos da organização. Entretanto, por melhor que seja a habilidade do líder em combinar esses diferentes estilos e encaixá-los na cultura da organização, respeito e credibilidade ainda continuarão dependendo de um julgamento, por parte dos liderados, sobre outros atributos, especialmente honestidade e conduta profissional exemplar.

5.2 Política da qualidade

A política da qualidade de uma organização deve ser uma declaração da organização sobre seus princípios e valores relacionados à gestão da qualidade. A rigor, a política da qualidade deve dar sustentação aos objetivos da qualidade e ao planejamento, ao controle e à melhoria de todas as atividades de gestão da qualidade. Portanto, ela deve ser uma manifestação genuína das intenções da empresa para com a qualidade.

A cláusula 5.2 da ISO 9001:2015 estabelece que a alta gerência deve se responsabilizar por definir, revisar e manter a política da qualidade assegurando que esta política:

a) seja condizente com o propósito e o contexto da organização e contribua para o direcionamento estratégico definido pela organização;

b) sirva de um guia para a definição e revisão dos objetivos da qualidade;

c) explicite o comprometimento com o atendimento de requisitos (dos clientes, legais ou regulamentares) aplicáveis;

d) explicite o comprometimento com a melhoria contínua do sistema de gestão da qualidade.

Existem inúmeros formatos para a política da qualidade, portanto, não existe um formato ou conteúdo padrão. Mas é consenso que a política da qualidade de uma organização deve minimamente enfatizar os objetivos de foco no cliente e melhoria contínua. Complementando esses princípios, existem organizações que incluem na sua política da qualidade a valorização dos funcionários, enfatizando a importância dos recursos humanos na consecução dos objetivos da qualidade. A Figura 5.2 apresenta exemplos de política da qualidade.

Política da qualidade Empresa ABCD

É política da Qualidade da Empresa XYZ gerenciar a melhoria contínua dos seus processos, para garantir que os produtos fornecidos atendam aos requisitos de qualidade e prazo estabelecidos pelos clientes de forma sustentável (com máxima eficiência e mínimo custo).

- Satisfazer clientes e obter *resultados*
- Melhorar processos (*custo, tempo e qualidade*)
- Capacitar *pessoas*

Figura 5.2 Exemplos de política da qualidade.

Além dos requisitos da ISO 9001 sobre a política da qualidade, outros critérios devem ser observados, tais como:

- clareza: a declaração deve usar termos simples e de fácil entendimento por todos;
- concisão: deve ser enxuta o suficiente para ser facilmente compreendida e retransmitida pelas pessoas envolvidas com a empresa;
- autenticidade: deve ser uma manifestação autêntica e não fantasiosa das intenções da organização.

A ISO 9001:2015 também estabelece, na cláusula 5.2.2, que a política da qualidade seja:

a) disponibilizada e mantida como informação documentada (obrigatoriamente) às partes interessadas;

b) comunicada, entendida e aplicada por todos dentro da organização;

c) disponibilizada às partes interessadas sempre que apropriado.

5.3 Papéis organizacionais, responsabilidades e autoridades

A ISO 9001:2015 estabelece que a alta gerência deve assegurar que sejam delegadas responsabilidade e autoridade a algumas pessoas com papéis relevantes para a implementação e a manutenção do sistema da qualidade. Essa delegação de responsabilidade e autoridade deve ser comunicada e aceita por todos. Ou seja, ainda que a gestão da qualidade seja uma responsabilidade compartilhada por todos, algumas pessoas devem ter responsabilidades e autoridade específicas, para assegurar que:

a) o sistema de gestão da qualidade implementado pela organização atenda aos requisitos da ISO 9001;

b) os processos necessários para o sistema da qualidade sejam estabelecidos, implementados e gerem os resultados esperados;

c) o desempenho do sistema de gestão da qualidade seja relatado à alta gerência (cláusula 9.3), incluindo relatos sobre oportunidades de melhoria ou necessidades de mudança e inovação (cláusula 10);

d) haja valorização do princípio de foco no cliente por toda a organização;

e) a integridade do sistema de gestão da qualidade seja preservada quando mudanças no sistema sejam planejadas e implementadas (cláusula 6.3).

Planejamento

6

A cláusula 6 da ISO 9001:2015 apresenta requisitos relacionados ao planejamento para implementação e mudança do sistema da qualidade. A ISO 9001:2015 é bastante superficial sobre requisitos para planejamento do sistema. A norma estabelece alguns requisitos de planejamento, divididos em três tópicos dessa cláusula, comentados a seguir.

> Principais mudanças em relação à ISO 9001:2008:
> - o requisito de planejamento, que antes era aninhado na cláusula 5 da edição de 2008, passa a ser um requisito de alto nível na estrutura de cláusulas da ISO 9001:2015;
> - o requisito de objetivos da qualidade, que antes era aninhado na cláusula 5 da edição de 2008, passa a integrar a cláusula 6 desta edição, que trata de planejamento;
> - a cláusula 6 da ISO 9001:2015 inclui dois novos requisitos relacionados ao planejamento do sistema de gestão:
>   – ações para abordar riscos e oportunidades;
>   – planejamento de mudanças.
>
> Informação documentada obrigatória:
> - objetivos da qualidade.

6.1 Ações para abordagem de riscos e oportunidades

Por menor e menos complexa que seja a organização, a implementação de um sistema de gestão da qualidade requer um mínimo de planejamento. O planejamento do sistema deve incluir um processo de desdobramento de atividades de gestão necessárias para se minimizar a chance de não atendimento dos requisitos dos clientes e outras partes interessadas, prevenindo ou reduzindo não conformidades. Nesse sentido, o planejamento do sistema de gestão da qualidade deve decorrer da análise sobre o contexto em que a organização se insere assim como das necessidades e expectativas das partes interessadas. Portanto, os requisitos das cláusulas 4.1 e 4.2 ajudam a organização a planejar o seu sistema de gestão.

Além de considerar, para o planejamento do sistema, os aspectos tratados nas cláusulas 4.1 e 4.2, a cláusula 6.1 da ISO 9001:2015 estabelece que a organização deve determinar os riscos e oportunidades que precisam ser contemplados para:

a) garantir que o sistema de gestão da qualidade consiga atingir os resultados esperados;

b) aumentar a chance de resultados desejáveis e prevenir ou reduzir a chance de efeitos indesejáveis;

c) conseguir melhoria contínua.

A ISO 9001:2015 sugere que ações para tratar riscos podem incluir ações que tenham como objetivo evitar o risco; ou ações que assumam certa dose de risco com o objetivo de perseguir uma oportunidade; ou ações que objetivem eliminar a fonte de risco. Novamente, a Matriz SWOT apresentada no item 4.1 (Capítulo 4) pode ser utilizada, principalmente no que se refere à identificação dos pontos fracos (análise do ambiente interno organizacional) e das ameaças (análise do ambiente externo). Outra ferramenta da área de qualidade que pode ser utilizada para implementar a abordagem baseada em riscos e suas tratativas é a FMEA (sigla do inglês *Failure Mode and Effect Analysis*, ou Análise dos Modos e Efeitos das Falhas). A FMEA é uma matriz de priorização na qual se insere a função analisada (por exemplo, de um componente, de um serviço específico ou de um processo), os modos de falhas possíveis que afetem sua função, os efeitos potenciais dessas falhas. Para cada modo e efeito de falha, avalia-se a probabilidade de ocorrência (de 1 a 10 – muito baixa a muito alta), a severidade (mesma escala), e probabilidade de detecção (de 1 a 10 – muito alta a muito baixa). A multiplicação desses três fatores gera o RPN (*Risk Priority Number* na sigla em inglês, ou NPR – Número de Prioridade de Risco). Quanto maior o NPR, maior a prioridade que a organização deve dar para reduzir o risco de uma não conformidade decorrente do efeito potencial da falha analisada. Uma análise mais aprofundada sobre o FMEA pode ser encontrada em Carpinetti (2016).

A norma também afirma que ações para alavancar oportunidades podem incluir a adoção de novas práticas, lançamento de novos produtos, uso de novas tecnologias, abertura de novos mercados, novos clientes, novas parcerias etc. A análise SWOT pode novamente ser utilizada, principalmente no que se refere à identificação dos pontos fortes (análise do ambiente interno organizacional) e das oportunidades (análise do ambiente externo).

Ou seja, a ISO 9001:2015 introduz o conceito de análise de risco e oportunidades na etapa de planejamento do sistema de gestão. Apesar da novidade na norma, análise de riscos e oportunidades é uma abordagem clássica da teoria de planejamento estratégico. Um ponto a observar é que, apesar de o texto da norma usar a expressão *garantir que o sistema consiga atingir o resultado esperado*, todo o esforço de planejamento, por maior e melhor que seja, não leva a cem por cento de certeza de que o sistema atingirá os resultados esperados. É mais correto dizer que a análise de riscos e oportunidades na fase de planejamento do sistema contribui para a mitigação dos riscos e para prevenir ou reduzir os seus efeitos indesejáveis e, portanto, deve aumentar a chance de o sistema atingir os resultados esperados.

A cláusula 6.1 também estabelece que as ações requeridas (para tratar os riscos e oportunidades) devem ser planejadas e implementadas e sua eficácia, avaliada. Com base na eficácia das ações, elas podem ser revistas ou incorporadas aos procedimentos operacionais da organização. Nesse caso, os processos de gestão da qualidade estabelecidos pelo sistema da qualidade (como estabelece a cláusula 4.4) devem ser replanejados de forma a incluir essas ações.

6.2 Objetivos da qualidade e planos para atingi-los

Na cláusula 5.1, a ISO 9001:2015 estabelece que a alta direção deve se comprometer e liderar vários esforços, entre eles a definição de objetivos da qualidade coerentes com o direcionamento estratégico e o contexto da organização. Já na cláusula 5.2, a norma estabelece que a política da qualidade deve servir de referência para a definição de objetivos da qualidade. Na seção 6.2, que trata de objetivos da qualidade, a norma define como requisito que a organização deve estabelecer objetivos da qualidade em funções, níveis e processos considerados relevantes para a gestão da qualidade. A organização deve (obrigatoriamente) documentar os objetivos da qualidade. Também nessa cláusula, a ISO 9001:2015 enfatiza que os objetivos de qualidade definidos pela organização devem considerar requisitos das partes interessadas e também devem ser:

a) compatíveis com a política da qualidade;

b) mensuráveis;

c) resultantes de análise e consideração dos requisitos legais aplicáveis;

d) relevantes para a conformidade de produtos e serviços e o aumento da satisfação dos clientes;

e) monitorados;

f) comunicados;

g) atualizados quando necessário.

O planejamento do sistema de gestão deve, portanto, contemplar os objetivos da qualidade. E, na cláusula 6.2.2, a norma estabelece que o planejamento para a consecução desses objetivos deve seguir um procedimento que determine:

a) o que será feito;

b) que recursos serão usados;

c) quem será responsável;

d) quando será finalizado;

e) como os resultados serão avaliados.

Embora política, objetivos e planos sejam tratados em cláusulas separadas, sua definição deve ser decorrente de um processo integrado de desdobramento a partir do planejamento estratégico, que inclui a análise de contexto, a identificação e a definição das expectativas e necessidades das partes interessadas, e o levantamento dos riscos e das oportunidades. A Figura 6.1 ilustra esse processo de desdobramento, que inclui os passos a seguir:

> **Passo 1** – *Análise de contexto e levantamento de necessidades e expectativas*: como explicitado nas cláusulas 4.1 e 4.2, a organização deve coletar e analisar informações sobre características de produtos, mercado-alvo e expectativas das partes interessadas quanto aos requisitos relacionados ao produto e ao processo de entrega do produto, bem como o atendimento pós-entrega.
>
> **Passo 2** – *Análise de riscos e oportunidades*: a organização deve analisar os possíveis riscos de não se atender às necessidades e expectativas e planejar o sistema para a mitigação dos riscos e a diminuição da chance de não se atingirem os resultados esperados. Ao mesmo tempo, a organização deve analisar as oportunidades e planejar o sistema de forma a conseguir melhorias contínuas. Este passo e o anterior normalmente estão inseridos em um processo mais amplo de planejamento estratégico. Caso a organização não desenvolva um processo formal de planejamento estratégico, a implementação da ISO 9001:2015 pode ser uma excelente oportunidade para o início de um trabalho dessa natureza.
>
> **Passo 3** – *Definição da política da qualidade*: a organização deve definir a política da qualidade como um conjunto de princípios que deem sustentação aos objetivos da qualidade e ao planejamento das ações para a melhoria no atendimento dos requisitos dos clientes.

Passo 4 *– Determinação dos objetivos da qualidade e indicadores*: a organização deve identificar objetivos de desempenho focados nos requisitos dos clientes, na política da qualidade e nos processos críticos para o atendimento da política da qualidade e dos requisitos dos clientes. Esses objetivos, sempre que possível, devem ser traduzidos em indicadores quantitativos.

Passo 5 *– Identificação dos processos relevantes (críticos) para gestão*: a organização deve mapear todos os processos, primários e de suporte, e entender as relações deles com os objetivos da qualidade e prioridades competitivas.

Passo 6 *– Planejamento do sistema de gestão*: neste último passo, a organização deve planejar seu sistema. A cláusula 6.2.2 da norma estabelece que um procedimento semelhante ao proposto pela técnica 5W2H seja adotado. Dependendo do escopo das ações, técnicas mais elaboradas de gestão de projetos podem até ser usadas.

Processo de planejamento estratégico (na visão do SGQ)

- Análise de contexto (requisito 4.1)
- Necessidades e expectativas das partes interessadas (requisito 4.1)
- Análise de riscos e oportunidades (requisito 6.1)
- Política da qualidade (requisito 5.2)
- Objetivos da qualidade (requisito 6.2)
- Mapeamento de processos da organização
- Projeto do SGQ
  - Planejamento de processos do SGQ (requisito 4.4)
  - Implementação do SGQ

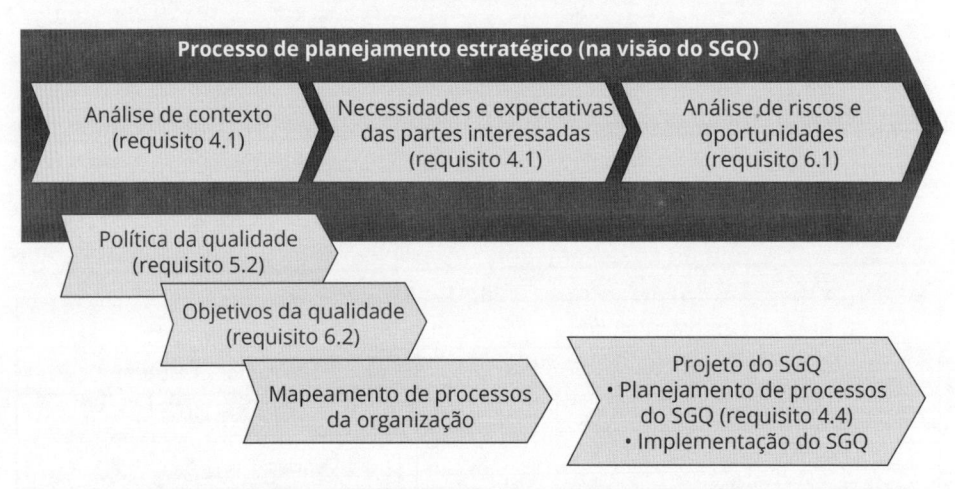

Figura 6.1 Desdobramento de requisitos dos clientes em política da qualidade, objetivos e projeto do sistema da qualidade.

Outro aspecto importante é que o texto da norma diz que os objetivos da qualidade devem ser mensuráveis e monitorados. Portanto, espera-se que os objetivos, ao menos uma parte deles, sejam traduzidos em indicadores de desempenho. O conjunto de indicadores que pode ser usado para monitorar os objetivos da qualidade depende do tipo de empresa e dos fatores críticos para o sucesso do negócio. A Tabela 6.1 apresenta uma compilação de indicadores geralmente usados. É importante que cada indicador seja definido por meio de uma equação, unidade de medição (ou adimensional, no caso de taxa), frequência de medição, forma de apresentação dos resultados, bem como pessoa responsável pela atualização do indicador. É oportuno (mas não necessário) usar o modelo do *Balanced Scorecard* (BSC) e agrupar os objetivos segundo perspectivas inter-relacionadas, como as quatro sugeridas por Kaplan e Norton: resultados financeiros, satisfação dos clientes, processos e aprendizado e capacitação organizacional, como ilustrado na Figura 6.2.

Fonte: Kaplan e Norton (1996).

Figura 6.2 Perspectivas de desempenho do *Balanced Scorecard* (BSC).

Tabela 6.1 Indicadores de desempenho (exemplos).

Indicadores Financeiros	Unidade	Fórmula
Retorno sobre o capital investido	%	Capital Circulante × Margem
Capital Circulante	%	Vendas/Total dos Ativos
Margem	%	Lucro/Vendas
Custo de desenvolvimento de produtos	%	Custo total de desenvolvimento de produtos/Vendas
Custo de garantia	%	Custo de garantia/Vendas
Taxa de custo de produção	%	Custo de produção/Vendas

Indicadores de Clientes / Mercado	Unidade	Fórmula
Vendas por funcionário	%	Vendas/Número de empregados
Valor agregado por funcionário	%	Lucro/Número de empregados
Taxa de investimento	%	Total dos investimentos/Vendas
Retorno de novos clientes	%	Vendas para novos clientes/Vendas
Crescimento da carteira de clientes	%	Número de novos clientes/Número total de clientes
Taxa de propostas com êxito	%	Número de propostas bem-sucedidas/Número de propostas
Satisfação do cliente	–	Nota numa escala de 0 a 10, 1 a 5 ou 1 a 7

Indicadores de Processos	Unidade	Fórmula
Lead time de desenvolvimento de produtos	tempo	Tempo médio para desenvolvimento de produto
Introdução de novos produtos	%	Número de novos produtos/Número de projetos completados
Lead time de preparo de propostas	tempo	–
Lead time para a entrega de pedidos	tempo	–
Confiabilidade da entrega	%	Número de pedidos entregues no prazo/Número total de pedidos
Confiabilidade do recebimento	%	Número de entregas recebidas no prazo/Número total de pedidos comprados
Atrasos	dias	Média de atraso na entrega dos pedidos de clientes
Nível de Qualidade	ppm ou %	Partes por milhão ou porcentagem
Porcentagem de retrabalho	%	Horas de retrabalho/Horas totais de produção
Porcentagem de refugo	%	Custo de refugo/Custo de material comprado

Indicadores de Aprendizado & Crescimento	Unidade	Fórmula
Absenteísmo dos funcionários	%	Número de dias-homem perdidos devido ao absenteísmo/Máximo de dias-homem disponíveis
Turnover de funcionários	%	Número de funcionários que deixam a empresa/Número médio de funcionários
Número de dias sem acidentes	dias	–

A alta direção tem por responsabilidade assegurar que a definição dos objetivos, indicadores e metas de gestão da qualidade seja parte do processo de planejamento e projeto do sistema da qualidade da organização. Também é responsabilidade da alta direção realizar a análise crítica do sistema, em que objetivos, indicadores e metas sejam revistos, como será tratado no Capítulo 9.

No entanto, apesar da importância de se ter indicadores de desempenho relacionados aos objetivos da qualidade, deve-se tomar o cuidado para não estabelecer um número exagerado de indicadores, pois a pequena e mesmo a média empresa terão dificuldades para manter uma sistemática de coleta de dados, cálculo de indicadores e análise desses indicadores. Recomenda-se que, pelo menos num primeiro momento, a empresa estabeleça apenas alguns indicadores mais importantes para analisar a evolução dos objetivos da qualidade. O sistema de indicadores pode ser gradualmente ampliado, à medida que a empresa evolua na prática de gestão por meio de indicadores.

6.3 Planejamento de mudanças

Essa cláusula estabelece que quando a organização identifica a necessidade de mudanças no sistema de gestão da qualidade, essa mudança deve ser feita de forma sistemática ou planejada. Nesse sentido, a ISO 9001:2015 estabelece que a organização considere:

a) o propósito das mudanças e suas consequências;

b) cuidado para que a integridade do sistema de gestão seja mantida;

c) a disponibilidade de recursos para a mudança;

d) a alocação ou realocação de responsabilidades.

Suporte

7

A cláusula 7 da ISO 9001:2015 apresenta requisitos relacionados às ações de suporte para implementação e manutenção do sistema da qualidade. Nessa cláusula, a ISO 9001:2015 considera vários elementos de suporte, de natureza mais objetiva, como infraestrutura material e documentação, e outros, de natureza mais subjetiva, como conhecimento organizacional e conscientização. Cada um desses requisitos é comentado a seguir.

> Principais mudanças em relação à ISO 9001:2008:
> - os requisitos da cláusula 6 da ISO 9001:2008, sobre recursos humanos e de infraestrutura, foram incluídos na cláusula 7 desta edição;
> - o requisito de documentação, aninhado na cláusula 4 da edição de 2008, passa a integrar a cláusula 7 desta edição. O termo informação documentada passa a denominar o requisito de documentação;
> - a ISO 9001:2015 não mais exige procedimento documentado para controle de informação documentada, ou seja, documentos e registros;
> - o requisito de comunicação, antes aninhado na cláusula 5 da edição de 2008, passa a integrar a cláusula 7 desta edição;
> - requisito de controle de equipamentos de monitoramento, antes parte dos requisitos de realização do produto da edição de 2008, passa a integrar a cláusula 7, Suporte, desta edição;
> - a cláusula 7 da edição de 2015 inclui novos requisitos, relacionados a conhecimento organizacional, competência e conscientização.
>
> Informação documentada obrigatória:
> - registros sobre:
>   - adequação dos recursos de monitoramento e medição;
>   - critérios de calibração ou aferição, quando da inexistência de padrões;
>   - competência das pessoas para o exercício do cargo;
>   - realização dos treinamentos ou outras ações, incluindo-se a avaliação da eficácia dos treinamentos.

7.1 Recursos

7.1.1 Considerações gerais

A ISO 9001:2015 estabelece que a organização deve determinar e providenciar o pessoal e a infraestrutura necessários para estabelecimento, implementação, manutenção e melhoria contínua do sistema de gestão da qualidade. A norma salienta que a organização deve considerar os recursos disponíveis internamente e as necessidades de recursos de fontes externas.

7.1.2 Pessoas

Há muito tempo que se considera a gestão e capacitação de pessoas uma base sólida e fundamental para a gestão da qualidade. A ISO 9001:2015, alinhada com essa visão, valoriza a capacitação das pessoas envolvidas com a gestão da qualidade na organização. Nesse sentido, a ISO 9001:2015 estabelece que a organização deve determinar e prover as pessoas necessárias para operação e controle dos processos e para a efetiva implementação do sistema da qualidade.

Esse requisito relacionado a pessoas é complementado pelos requisitos de conhecimento, competência e conscientização, detalhados nas cláusulas 7.1.6, 7.2 e 7.3.

7.1.3 Infraestrutura

Nesse tópico, a ISO 9001:2015 estabelece que a organização deve determinar, prover e manter a infraestrutura necessária para o atendimento aos requisitos dos clientes. A norma faz referência a quatro classes de recursos:

a) edifícios e instalações associadas;

b) equipamentos, materiais e *software*;

c) transporte;

d) tecnologia de comunicação e de informação.

Alguns aspectos importantes de cada uma dessas classes de recursos são discutidos a seguir:

Edifícios e espaços de trabalho

Além de cuidar das instalações prediais e de atender a legislação cabível, um aspecto importante que pode comprometer a eficácia e a eficiência no atendimento dos requisitos dos clientes é o *layout* físico das instalações, especialmente no chão de fábrica. Um *layout* inadequado pode gerar grandes desperdícios de espaço, de tempo e de mão de obra, comprometendo a eficiência das operações e os requisitos dos clientes. Mesmo a pequena empresa deve pensar e planejar a ocupação dos espaços de forma a racionalizar a movimentação e minimizar os desperdícios. Sistemas de produção baseados na filosofia enxuta de produção (Womack, J.; Jones, 2010) têm apresentado resultados melhores sob o ponto de vista da redução de desperdícios e eficiência das operações, resultando ainda em melhores resultados quando bem alinhados à estratégia de negócio.

Equipamentos de processo, incluindo materiais e *software*

Um ponto fundamental para eficácia e eficiência no atendimento dos requisitos dos clientes é a manutenção da disponibilidade dos recursos fabris. Isso significa que a organização deve estabelecer um programa de manutenção desses recursos que minimize a chance de não se poder produzir pela inoperância de algum dos recursos utilizados. Como regra geral, a empresa deve estabelecer um plano de manutenção que combine manutenção preventiva com manutenção preditiva. A organização deve também estar preparada para a manutenção corretiva daqueles recursos cujo plano de manutenção não foi eficaz na prevenção da parada. O mesmo se aplica aos recursos de informática, como programas para a manutenção de *hardware* e *software*. Um programa bastante difundido que auxilia as organizações neste tópico é o Programa de Manutenção Produtiva Total (do inglês *Total Productive Maintenance* – TPM). O TPM (Takahashi; Osada, 2010) dá suporte ao sistema de gestão da qualidade e melhora a qualidade final dos produtos na medida em que proporciona redução de falhas por quebras de equipamentos, redução do tempo gasto para preparação dos equipamentos e redução de pequenas paradas, mantendo a velocidade do maquinário.

Serviço de transporte

Movimentação (de materiais, pessoas etc.) em essência é considerada pela filosofia enxuta como atividade que não agrega valor e, portanto, causadora de desperdícios nas operações de produção ou serviços. Assim, transporte é uma das fontes de desperdício que as técnicas de produção enxuta objetivam minimizar. Portanto, os serviços de transporte podem comprometer a eficácia e a eficiência do sistema da qualidade da empresa, e atenção adequada deve ser dada a esse tema.

Serviços de tecnologia de comunicação e de informação

Atualmente, mesmo as pequenas e médias empresas utilizam ferramentas de tecnologia da informação nas atividades de suporte ou de realização do produto e uma carência (disfunção, falha ou ausência de solução para a necessidade do usuário) dessas ferramentas pode comprometer a eficiência e a eficácia no atendimento dos requisitos dos clientes. Durante muito tempo, as organizações conviveram com um dilema entre a compra de um sistema de mercado e o próprio desenvolvimento do seu sistema (ainda que desenvolvido por terceiros). A tendência tem mostrado que desenvolver custa muito às empresas; porém, o nível de customização necessário quando da compra de um sistema pronto ainda causa dúvidas às organizações. Por um lado, baixa customização envolve preços mais acessíveis às custas de soluções não totalmente satisfatórias. Por outro lado, alta customização atende melhor às necessidades dos usuários, implicando maiores custos de implementação e atualização de versão do *software*. Percebe-se que os fornecedores de serviços de *software* tornaram-se parte interessada importante para muitas organizações. Portanto, gerenciar esse relacionamento é uma tarefa-chave nos diais atuais. Com isso, torna-se imprescindível que esses serviços tenham um suporte técnico adequado. Como muitas vezes esses serviços são terceirizados, um ponto fundamental para sua aquisição é o suporte técnico que o prestador de serviço está preparado a oferecer.

7.1.4 Ambiente para operação dos processos

Essa cláusula da ISO 9001:2015 diz que a organização deve determinar, prover e manter as condições do ambiente de trabalho necessárias para alcançar a conformidade com os requisitos do produto. Em nota, a edição de 2015 esclarece que o termo *ambiente para operação dos processos* está relacionado às condições de trabalho, podendo incluir fatores físico, social, psicológico, ambiental e outros fatores (como ruído, temperatura, umidade, iluminação ou clima). Nesse contexto, alguns aspectos importantes relacionados ao ambiente de trabalho são discutidos a seguir.

Saúde e segurança cupacional:

A falta de segurança e saúde no trabalho pode comprometer não só a eficácia no atendimento dos requisitos dos clientes como também a produtividade dos funcionários. Além disso, o não atendimento de padrões mínimos de saúde e segurança pode criar um clima de insatisfação entre os funcionários e prejudicar a imagem da organização perante seus clientes e funcionários, o que no médio/longo prazo pode ter um efeito devastador para a organização. Portanto, a organização deve atender às normas e regulamentos relacionados a saúde e segurança no trabalho.

Para melhor atender a essas questões, muitas organizações vêm implementando sistemas de gestão da segurança e saúde ocupacional baseados na BS OHSAS 18001:2007 – Sistema de gestão da saúde e segurança ocupacional – requisitos. A BS OHSAS 18001:2007 é uma norma inglesa que será substituída pela ISO 45001 e que estabelece requisitos para um sistema de gestão com foco voltado para a saúde e segurança ocupacional. Em outras palavras, a OHSAS 18001 propicia a implementação de procedimentos para que a organização gerencie e controle os riscos relacionados a saúde e segurança ocupacional e melhore seu desempenho nesses aspectos. No entanto, assim como a ISO 9001, essa norma não estabelece a forma de gerenciar a saúde e a segurança ocupacional, mas sim requisitos básicos para gerenciar e garantir a saúde e a segurança no ambiente de trabalho.

Organização

Além de saúde e segurança, a empresa deve se preocupar em criar um ambiente de trabalho organizado. A falta de organização no ambiente de trabalho pode gerar desperdícios de várias formas, como excesso de movimentação e transporte, tempos excessivos de *setup* (preparação) de máquinas e falta de conformidade de produto. Todos esses problemas acarretam perda de produtividade e possivelmente não atendimento de requisitos de clientes.

Um meio bastante difundido para a melhoria da organização do ambiente de trabalho é o programa 5S. Baseado na filosofia japonesa, o 5S visa organizar e racionalizar o ambiente de trabalho. O programa baseia-se em cinco princípios fundamentais (os 5 esses; ver Figura 7.1), que são as etapas de um processo de implementação de um programa 5S. É um programa que também se aplica perfeitamente à pequena empresa, já que requer o mínimo de investimento para a sua implementação e pode trazer ganhos significativos em termos de organização do ambiente de trabalho e eficiência e eficácia no atendimento dos requisitos dos clientes. Organizações de serviço também podem se beneficiar pelo uso de um programa 5S.

整理	整頓	清掃	清潔	躾
Seiri	Seiton	Seiso	Seiketsu	Shitsuke
Sort	Set order	Shine	Standardize	Sustain
Selecione	Arrume	Limpe	Padronize	Mantenha

Figura 7.1 Programa 5S.

A Figura 7.2 mostra uma área fabril (manutenção mecânica) antes e depois da implantação do programa 5S, em que se pode notar a melhoria da organização do ambiente de trabalho.

Antes   Depois

Figura 7.2 Área fabril, antes e depois da implementação do programa 5S.

Grandes empresas normalmente têm uma área de gestão e capacitação de pessoas dedicada ao desenvolvimento de programas motivacionais, desenvolvimento de habilidades, treinamento, políticas de remuneração e reconhecimento, planos de carreira, incentivos etc. O esforço das grandes empresas para a valorização dos recursos humanos demonstra a importância do capital humano para os objetivos do negócio.

Clima organizacional

O sentimento das pessoas perante a organização impacta significativamente os resultados e a eficácia do sistema de gestão da qualidade de uma organização, melhorando ou piorando a qualidade dos seus produtos e serviços e/ou os custos necessários para obter o nível de qualidade desejado. Uma ferramenta bastante empregada atualmente pelas áreas de gestão de pessoas é a pesquisa de clima organizacional. O clima organizacional indica o nível de satisfação das pessoas em relação à organização. Fatores que influenciam a percepção das pessoas sobre a maneira como a organização "cuida" delas envolve vários processos:

- recrutamento, seleção e contratação dos novos membros;
- planejamento e realização de treinamento e desenvolvimento;
- avaliação de desempenho;
- estabelecimento da política de remuneração, recompensas, promoção e demissão;
- segurança e saúde ocupacional, como comentado anteriormente neste tópico.

Ainda outros fatores afetam o clima organizacional, como a missão da empresa, a identificação entre a empresa e seus colaboradores e até mesmo a reputação da empresa perante a mídia e a sociedade. É obvio que escândalos envolvendo o nome da empresa em casos de corrupção, desrespeito a questões legais, sociais ou ambientais, entre outros, como recentemente vistos no Brasil e no mundo, abalam o clima organizacional e colocam as pessoas em posição de conflito entre seus valores e aqueles de fato apresentados por membros do alto escalão dessas empresas.

7.1.5 Recursos de monitoramento e medição

Em manufatura, é comum a utilização de instrumentos de medição. Por exemplo, um micrômetro para medição dimensional ou um relógio comparador para medição de erros de forma. Nessas situações, a ISO 9001:2015 estabelece que a organização deve assegurar que os instrumentos usados gerem resultados válidos e confiáveis. Um sistema de medição ideal seria aquele que produzisse somente resultados corretos (verdadeiros). Entretanto, como qualquer outro, o processo de medição irá produzir resultados com determinados erros ou incertezas de medição, que decorrem de erros sistemáticos e aleatórios do instrumento (Costa; Epprecht; Carpinetti, 2004).

Os erros de medição do instrumento interferem na avaliação da dispersão ou variação do processo de fabricação. Ou seja, se o erro aleatório do instrumento for grande quando comparado ao erro aleatório do processo, esse instrumento não deverá ser usado para tal fim, pois irá levar a conclusões errôneas sobre a qualidade do processo. Isso significa que um processo que gera pouca dispersão de seus resultados será interpretado como um processo que gera muita dispersão, porque a medição dos resultados com esse instrumento está gerando muita variação. Da mesma forma, erro sistemático excessivo do instrumento de medição pode levar a conclusões errôneas sobre o processo de fabricação.

O erro aleatório é uma medida da falta de repetitividade do instrumento e do operador, conhecida como erro de repetitividade e reprodutibilidade (R&R). Ele é verificado pela dispersão de resultados (medições) em torno de um valor médio, e medido em unidades de desvio-padrão. Por meio dessa análise, avalia-se a magnitude da dispersão do resultado de medição causada por erros de repetitividade e reprodutibilidade. Em seguida, deve-se comparar essa variação à variação total gerada pelo processo de produção em que o instrumento deve ser usado. A recomendação geral é que o erro do instrumento seja no máximo 30% do erro (dispersão) do processo. Idealmente, essa relação deve ser de no máximo 10%.

Além de controlar o erro aleatório, é importante também controlar o erro sistemático de um instrumento. O erro sistemático é avaliado pela comparação do resultado médio de um instrumento com o resultado obtido por um instrumento padrão, rastreável (ou seja, referenciado) a um padrão nacional e internacional. É por meio da avaliação do erro sistemático que podemos concluir se o resultado medido pelo instrumento de fato corresponde ao valor verdadeiro da grandeza. O controle do erro de medição é que garante rastreabilidade e intercambiabilidade dos resultados de produção de peças similares de diferentes fabricantes, muito importante na indústria de produção seriada.

Nesse sentido, a organização deve assegurar que os recursos disponíveis:

a) sejam adequados para o tipo de medição ou monitoramento a ser executado: ou seja, que os erros de medição, sistemático e aleatório, do processo de medição sejam compatíveis com os erros do processo de fabricação;

b) sejam mantidos em boa condição de forma a garantir que eles continuem em condições adequadas para o propósito.

A norma estabelece que *a organização deve manter registros que evidenciem a adequação dos recursos de monitoramento e medição para o propósito definido*. A norma também estabelece que, quando a rastreabilidade do instrumento é requerida, seja por exigência do cliente, por exigência legal ou por ser considerada pela organização como essencial para prover confiança sobre a validade das medições, os instrumentos devem:

- ser calibrados ou aferidos (ou ambos) em intervalos especificados, ou antes do uso, contra padrões de medição rastreáveis a padrões de medição internacionais ou nacionais. *Quando da inexistência de padrões, os critérios usados para calibração ou aferição devem ser mantidos na forma de registros;*
- ter identificação, para se determinar seu *status* de calibração;
- ser protegidos contra alterações de ajuste, danos ou deterioração que possam invalidar os resultados de medições.

Portanto, uma alternativa viável para a pequena empresa seria identificar e classificar como classe "A" os equipamentos de medição e monitoramento utilizados nos pontos críticos para controle do processo produtivo. Os demais instrumentos podem ser classificados como classe "B", não necessitando de controle de calibração. Para os equipamentos classificados como classe A, a organização deve ter um cadastro em que o histórico de calibração, aferição ou análise de repetitividade e reprodutibilidade seja relatado, como ilustrado na Figura 7.3. Com base nesse histórico, a organização deve definir um plano de calibração periódica dos equipamentos.

CADASTRO INDIVIDUAL DE DISPOSITIVOS DE MEDIÇÃO E MONITORAMENTO				
Título:	Cadastro Individual de Dispos. de Medição e Monitoramento		Emitido:	
Elaborado por:			Número:	
Aprovado por:			Revisão:	
Descrição do Equipamento:			Marca:	
Modelo:	Série:	Código do Equipamento:	Data de Aquisição:	
Capacidade do Equipamento:				
HISTÓRICO DE CALIBRAÇÃO DOS DISPOSITIVOS				
Certificado nº	Calibrado em	Validade até	Calibrado por	Solicitante	Resultado	Responsável/Área

Figura 7.3 Formulário de cadastro de dispositivos de medição e monitoramento.

De um modo geral, especialmente nas pequenas empresas, as calibrações são feitas por serviços de terceiros. Deve-se tomar cuidado para que esses fornecedores de serviços de calibração sejam pertencentes à Rede Brasileira de Calibração (RBC), credenciados pelo Instituto Nacional de Metrologia e Qualidade Industrial (INMETRO).[1] Também devem ser mantidas evidências das calibrações efetuadas pelos prestadores de serviço, e os resultados dessas calibrações devem ser registrados na Tabela de Cadastro Individual de Dispositivos de Medição e Monitoramento, decidindo-se pela permanência do equipamento como Classe A ou transferência do mesmo para Classe B.

Para possibilitar que a situação da calibração seja determinada, os equipamentos devem ser identificados com etiqueta contendo as seguintes informações: código, número do certificado, data da última calibração, data da próxima calibração. Os instrumentos também devem ser protegidos contra ajustes que possam invalidar o resultado da medição e protegidos de danos e deterioração durante o manuseio, manutenção e armazenamento.

Adicionalmente, a ISO 9001:2015 estabelece que, quando se constatar que o equipamento não está em conformidade com os requisitos, a organização deve avaliar a validade dos resultados de medições anteriores e tomar ação apropriada quanto ao dispositivo e ao produto afetado.

7.1.6 Conhecimento organizacional

A ISO 9001:2015 estabelece que a organização deve determinar o conhecimento necessário para operação dos processos e conformidade dos produtos e serviços. Ainda segundo a norma, esse conhecimento deve ser mantido e disponibilizado de acordo com a necessidade. Em nota, a norma esclarece que fazem parte do conhecimento organizacional lições aprendidas e propriedade intelectual.

A norma estabelece que, quando em processos de mudança, a organização deve determinar como adquirir ou ter acesso ao conhecimento adicional necessário. A norma diz ainda que, para obtenção de conhecimento, a organização pode considerar fontes internas e externas.

Ou seja, em síntese, a ISO 9001:2015 estabelece como requisito que a organização gerencie seu conhecimento. A gestão de conhecimento nas organizações ganhou bastante relevância nas últimas décadas como um dos pilares do processo de inovação, melhoria e mudança. Uma das principais teorias sobre gestão de conhecimento organizacional, proposta por Nonaka e Takeuchi (2008), é conhecida como espiral do conhecimento. A espiral do conhecimento proposta pe-

---

[1] Ver lista de laboratórios credenciados em: <http://www.inmetro.gov.br/laboratorios/rbc/>.

los autores, como ilustrado na Figura 7.4, faz referência a um processo progressivo em que o conhecimento tácito das pessoas é inicialmente socializado entre os membros da organização, para ser em seguida externalizado e sistematizado pela organização. A última etapa da espiral corresponde à internalização, ou seja, a transformação ou incorporação do conhecimento explícito no conhecimento tácito das pessoas da organização.

A prática de padronização das operações de produção, regulada pelo requisito de informação documentada da ISO 9001:2015 (seção 7.5), é um bom exemplo desse processo de externalização, sistematização e incorporação do conhecimento tácito. Ou seja, a explicitação dos procedimentos de operação eleva o conhecimento organizacional e contribui para a melhoria no atendimento dos requisitos e necessidades das partes interessadas. O processo de gestão do conhecimento envolve outras práticas essenciais para a gestão da qualidade e gestão de desempenho organizacional, como aprendizagem organizacional, gestão de competências e gestão do capital intelectual. Portanto, ainda que a ISO 9001:2015 não entre em detalhes sobre como gerenciar o conhecimento organizacional, a capacitação da organização nessas práticas certamente levará a um fortalecimento dos sistemas de gestão e a uma melhoria de desempenho.

COMPETIÇÃO

SOCIALIZAÇÃO	EXTERNALIZAÇÃO
Compartilhamento de experiências	Conversão do conhecimento em explícito
INTERNALIZAÇÃO	COMBINAÇÃO
Incorporação de conhecimento explícito ou tácito	Sistematização dos conceitos

COOPERAÇÃO

Fonte: Baseada em Nonaka e Takeuchi (2008).

Figura 7.4 A espiral do conhecimento.

7.2 Competência

Esse requisito da ISO 9001:2015 trata das competências ou habilidades requeridas das pessoas no ciclo de operação. A norma estabelece que a organização deve:

a) determinar as competências ou habilidades das pessoas que exerçam atividades cujos resultados possam afetar o desempenho no atendimento dos requisitos das partes interessadas;

b) assegurar, por meio de capacitação ou experiência, que essas pessoas tenham as competências requeridas;

c) quando for o caso, promover ações para que essas pessoas adquiram as competências necessárias e avaliar a eficácia desses esforços;

d) *manter registros apropriados para evidenciar a competência das pessoas para o exercício do cargo.*

Para muitas empresas, especialmente as de pequeno porte, atender a esses requisitos da ISO 9001:2015 de maneira consistente requer uma preparação prévia. Isso se dá por dois motivos principais:

a) o grau de conscientização das pessoas quanto à importância da gestão da qualidade é incipiente, mesmo na fase de implementação do sistema;

b) não se sabe com clareza quais as carências em termos de habilidades e competências das pessoas envolvidas com a gestão da qualidade.

Assim, a empresa pode, se houver condições propícias para isso, decidir por desenvolver algumas atividades preparatórias para a gestão dos recursos humanos da organização, que permitam atender aos requisitos da ISO 9001:2015 de maneira mais consistente, conforme indicado a seguir:

Matriz de avaliação de capacitação

Baseando-se nas habilidades e competências necessárias para o cargo, a empresa pode elaborar uma matriz de avaliação dos funcionários contrapondo cargos e competências. Essa matriz relaciona as habilidades e competências necessárias para o cargo e a avaliação dos funcionários que ocupam esses cargos, como ilustrado na Figura 7.5. A avaliação pode ser feita usando uma escala de valores, por exemplo de 1 a 10, que represente adequadamente os diferentes níveis de desempenho dos funcionários. Com essa matriz, atende-se aos requisitos de competência da ISO 9001:2015: determinação de competências, de necessidades de treinamento e avaliação da eficácia desses treinamentos, por meio da avaliação dos funcionários. Mas, para isso, a avaliação dos funcionários e a atualização da matriz devem ser feita regularmente, com frequência semestral ou anual. Sugere-se que a avaliação de cada funcionário seja feita pelo seu superior imediato, por ser a pessoa dentro da organização com melhores condições para avaliar o funcionário.

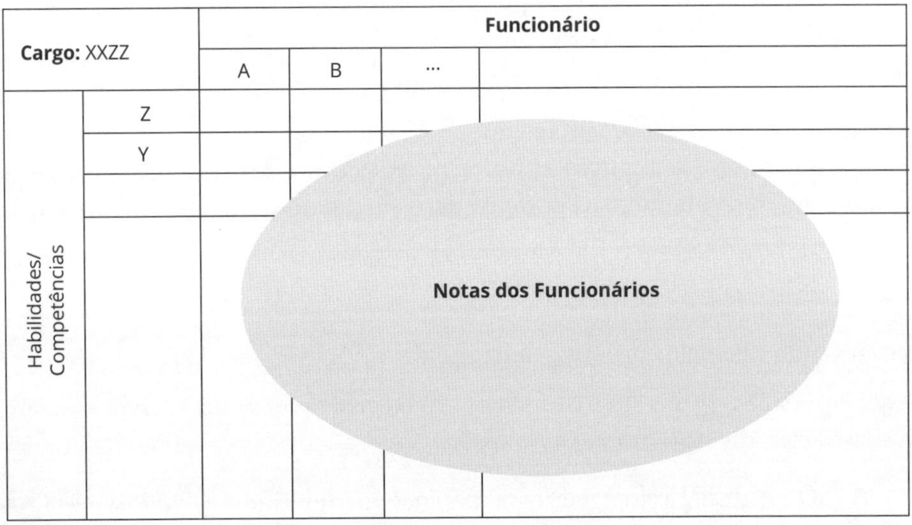

Figura 7.5 Matriz de avaliação de habilidades e competências de funcionários.

Além da matriz apresentada na Figura 7.5, outras técnicas podem ser utilizadas para evidenciar que a organização possui competências nas diversas áreas organizacionais. Algumas organizações utilizam matrizes para relacionar o nível de desempenho de um colaborador com o potencial dessa mesma pessoa. Pessoas com alto desempenho demonstram possuir as competências necessárias, agem de acordo com os valores da organização e entregam os resultados esperados. Alto potencial significa que a pessoa tem a habilidade para assumir responsabilidades mais abrangentes e complexas conforme as necessidades do negócio demandem mudanças. Pessoas classificadas como tendo alto desempenho e alto potencial são normalmente selecionadas e desenvolvidas para promoções a cargos de maior destaque, responsabilidade e remuneração. Pessoas com desempenho e potencial insuficientes muitas vezes são demitidas. Pessoas em posições intermediárias devem ser tratadas de forma específica, reforçando seus pontos fortes e minimizando suas fragilidades.

Planejamento e realização de desenvolvimento, treinamentos e/ou outras ações

A partir de uma matriz de avaliação de capacitação ou de uma matriz de desempenho *versus* potencial, ou qualquer outra técnica que a empresa adote para avaliar as competências, a organização pode identificar as necessidades de treinamento e desenvolvimento, em conformidade com o requisito da cláusula 7.2, e planejar a realização de ações de desenvolvimento como cursos, treinamentos, palestras, programas de sensibilização, entre outras. Recomenda-se ainda que a empresa faça um planejamento das necessidades de treinamento e desenvolvimento com a mesma frequência em que for feita a avaliação dos funcionários. Deve-se observar que é muito importante, para manter o clima organizacional positivo, que o resultado mais evidente da avaliação dos funcionários seja a identificação das ações necessárias e a efetiva realização dessas ações posteriormente. Caso contrário, se a avaliação dos funcionários resultar em penalidades, essa prática trará um efeito muito negativo ao clima organizacional e, provavelmente, será inviabilizada pelos próprios funcionários.

Avaliação da eficácia dos desenvolvimentos, treinamentos e/ou outras ações

A ISO 9001:2015 pede que a realização dos treinamentos ou outras ações seja mantida na forma de registros, incluindo-se a avaliação da eficácia dos treinamentos. A melhor maneira de se medir a eficácia dos treinamentos seria por meio de indicadores operacionais ou financeiros que seriam afetados pelas atividades relacionadas ao treinamento. No entanto, nem sempre é viável avaliar a eficácia do treinamento dessa forma, seja porque a avaliação é mais subjetiva do que objetivamente medida, seja porque a organização não dispõe de recursos para levantar esses dados. Nesse caso, a avaliação da eficácia das ações de desenvolvimento e de treinamento pode ser feita por meio da avaliação do conhecimento adquirido.

Registro das atividades de gestão de pessoas

Finalmente, todas essas ações e atividades que visam à capacitação das pessoas para a melhoria da eficácia e eficiência do sistema da qualidade devem ser adequadamente registradas, não só para evidenciar a gestão dos recursos como também para se manter um histórico das atividades realizadas.

7.3 Conscientização

A ISO 9001:2015 estabelece que pessoas trabalhando na organização devem estar conscientes:

a) da política da qualidade;

b) dos objetivos da qualidade relevantes;

c) da contribuição que elas podem dar para a eficácia do sistema de gestão e para a melhoria do desempenho em qualidade;

d) das implicações de não atender aos requisitos do sistema de gestão da qualidade

Apesar de a norma não entrar em detalhes, a conscientização decorre de educação, capacitação e comunicação. Além de divulgar a política e objetivos da qualidade, a organização deve desenvolver constantemente programas de capacitação e campanhas de conscientização sobre as implicações de não se atenderem os requisitos dos clientes, requisitos legais e sobre o papel de cada um na busca desses objetivos do sistema de gestão, entre outros. A conscientização é um elemento essencial para que as pessoas se envolvam com a gestão da qualidade e melhoria.

7.4 Comunicação

Quanto às atividades de comunicação, a norma estabelece apenas que a organização deve determinar:

a) o que comunicar, interna e externamente, sobre o sistema de gestão da qualidade;

b) quando comunicar;

c) com quem estabelecer a comunicação;

d) como fazer a comunicação.

De um modo geral, as organizações divulgam externamente sua política da qualidade. De forma mais direcionada, para clientes ou potenciais clientes ou outras partes interessadas, como órgãos reguladores, a organização pode divulgar informações documentadas sobre o sistema que explicitem a forma como a organização gerencia suas atividades para o atendimento de requisitos.

Internamente, a comunicação deve ser a mais ampla possível. Deve-se lembrar que a comunicação é fundamental para a conscientização das pessoas. Comunicações sobre o sistema de gestão da qualidade podem incluir política e objetivos da qualidade, indicadores e metas, treinamentos para a gestão da qualidade, realização de auditorias internas e externas, mudanças em processos ou procedimentos e outras informações relevantes para implementação e manutenção do sistema. Meios como boletim interno, impresso ou eletrônico, mural e cartazes podem ser usados como veículos de informação. Uma prática bastante adotada em gestão da qualidade é a "gestão à vista". A gestão à vista se caracteriza por um espaço físico, no chão de fábrica, que é usado pelas pessoas que trabalham naquela área para reunião e discussão sobre os problemas, suas causas, ideias para resolução de problemas etc. O espaço físico é delimitado por painéis que expõem várias informações como indicadores de desempenho e suas metas, gráficos com a evolução dos indicadores, comunicados sobre os sistemas de gestão, planos de ação para determinado problema, treinamentos realizados ou a realizar, entre outras informações. A comunicação pode ser mais intensa em determinados momentos, como na implantação do sistema de gestão e em momentos de revisão, auditorias internas e externas.

7.5 Informação documentada

7.5.1 Considerações gerais

A norma estabelece que o sistema de gestão da qualidade da organização deve incluir documentos que sejam exigidos pela ISO 9001:2015, assim como outros documentos que a organização considere essenciais para que o sistema de gestão gere os resultados esperados. A ISO 9001:2015 usa o termo "informação documentada" para se referir a: documentos que contenham descrição sobre o que e como deve ser feito, conhecidos como procedimentos e instruções de trabalho; e documentos que contenham registros de resultados das operações. A abrangência da documentação do sistema da qualidade pode variar de uma organização para outra dependendo de vários fatores como porte, setor industrial de atuação, complexidade dos processos produtivos e de negócios e necessidade de orientações documentadas em função do nível de capacitação dos recursos humanos. No entanto, de um modo geral, a documentação do sistema da qualidade deve incluir a política da qualidade, os objetivos da qualidade, procedimentos, instruções e registros, requeridos pela ISO 9001:2015 ou que a organização entenda como essenciais para a operação do sistema de gestão.

Até a edição de 2008, a ISO 9001 exigia que organização tivesse um manual da qualidade. Na edição de 2015, a norma estabelece que a organização deve manter informação documentada sobre o sistema de gestão da qualidade, sem fazer referência a um documento específico como manual da qualidade. No entanto, nós consideramos que a manutenção de um manual da qualidade continua sendo uma boa prática e a melhor opção para documentação do sistema de gestão, especialmente se a organização integrar em um único sistema de gestão requisitos de mais de uma norma.

O manual do sistema de gestão é o documento mais abrangente, pois apresenta o sistema de gestão da qualidade da organização em sua íntegra, explicitando o escopo do sistema, os processos de gestão da qualidade, as interações entre esses processos de gestão e as partes do sistema que se encontram documentadas. Caso a empresa possua diferentes sistemas de gestão e tenha a intenção de integrá-los, recomenda-se a elaboração de um manual único para o sistema de gestão integrado, explicitando e destacando a interação entre os processos de gestão dos diferentes sistemas. O manual deve ser completo, mas ao mesmo tempo enxuto. Para isso, o manual deve fazer referência a outros documentos que complementem as informações apresentadas no manual.

De um modo geral, o manual deve conter as seguintes informações:

- Apresentação da organização: a apresentação deve ser feita na parte introdutória do manual e deve servir de base para compreensão da política da qualidade, da estrutura e procedimentos do sistema. A apresentação da organização deve incluir:

    – histórico e missão da organização;

    – visão e objetivos estratégicos (caso a organização deseje comunicá-los);

    – linha de produtos e principais clientes ou segmentos de mercado;

    – processos de negócio realizados pela organização;

    – estrutura funcional (organograma);

    – matriz de relacionamento entre processos e funções.

- Política da qualidade: a política da qualidade é uma declaração de intenções da organização no que se refere ao atendimento de requisitos dos clientes e gestão da qualidade da organização e, portanto, serve para sinalizar às partes interessadas (clientes, funcionários, fornecedores, acionistas e a sociedade) quais são os valores e princípios prezados pela organização. Além disso, é um direcionador importante para o sistema da qualidade da organização e como tal deve ser incluído no manual da qualidade. Ver o Capítulo 5 para mais detalhes sobre a política da qualidade.

- Escopo do sistema: o escopo refere-se à abrangência do sistema. Como citado no Capítulo 2, uma organização pode ter vários negócios ou linhas de produtos e o sistema da qualidade pode não abranger todos os negócios ou linhas de produtos. Portanto, a organização deve deixar claro no manual quais negócios ou linhas de produtos são gerenciados pelo sistema da qualidade.
- Exclusões: o manual pode esclarecer se há exclusão de algum requisito da ISO 9001:2015 do sistema da qualidade da organização. A ISO 9001:2015 não menciona a possibilidade de exclusão de requisitos. No entanto, isso pode de fato ocorrer porque a norma define requisitos para o ciclo completo de operação, incluindo projeto, aquisição, produção, medição etc. No entanto, nem sempre a organização realiza todas as atividades (por exemplo, pode ser que a organização não execute projeto de produto, o que justificaria a exclusão do requisito 8.3. Ver mais detalhes no Capítulo 4).
- Responsabilidade e autoridade: a edição de 2015 da ISO 9001 não exige a indicação de um representante da direção para assuntos relacionados à qualidade. No entanto, na cláusula 5.3, a norma estabelece que a organização designe pessoas com autoridade e responsabilidades sobre o sistema. A norma determina também que a organização comunique internamente essas designações, reponsabilidades e autoridades. Portanto, o manual da qualidade pode ser um bom meio de explicitar e comunicar essas designações às pessoas.
- Procedimentos de gestão da qualidade: nesta parte do manual, a organização pode identificar todos os procedimentos de gestão da qualidade, relacionando-os aos requisitos da ISO 9001:2015 e também aos processos de operação e de suporte da organização. Os procedimentos não devem fazer parte do corpo do manual da qualidade, para não torná-lo muito extenso. Deve-se apenas fazer referência aos procedimentos que detalham as atividades, que farão parte do sistema documental da empresa, juntamente com instruções de trabalho, registros e outros documentos.
- Interação entre os processos de gestão da qualidade: finalmente, os procedimentos identificados no manual da qualidade devem prever a interação entre os processos de gestão da qualidade e é importante que o manual da qualidade evidencie essas interações, enfatizando a visão sistêmica.

A Figura 7.6 apresenta uma sugestão de estrutura para o manual do sistema de gestão da qualidade.

Estrutura sugerida para o manual do sistema de gestão da qualidade
Introdução
1. Apresentação da empresa
2. Política da qualidade
3. Escopo do sistema
4. Exclusões
5. Responsabilidades e autoridades
6. Procedimentos de gestão da qualidade
7. Interação entre os processos de gestão da qualidade
Anexos e/ou apêndices

Figura 7.6 Estrutura sugerida para o manual do sistema de gestão da qualidade.

7.5.2 Criação e atualização de informação documentada

As empresas podem usar a necessidade de padronização como critério para a definição da necessidade de documentação das atividades. A padronização da realização das atividades da operação, primárias e de suporte, é uma regra fundamental para a gestão da qualidade. Por padronização entende-se estabelecer uma maneira única de realizar uma atividade ou tarefa, ou seja, estabelecer um procedimento operacional padrão (POP, como é conhecido). A padronização da realização das atividades traz vários benefícios. A realização de atividades e processos de fabricação seguindo um procedimento padrão reduz a variabilidade dos resultados, o que leva a uma redução da não conformidade, reduzindo retrabalho ou refugo, e aumento da previsibilidade do processo. Além desses benefícios, a padronização facilita a comunicação e a compreensão das atividades e procedimentos a serem seguidos; pode ser uma boa base para educação e treinamento dos funcionários e consequentemente pode facilitar a prática de melhoria contínua. Assim, sempre que a padronização das atividades não for trivial, deve-se estabelecer um procedimento operacional padrão documentado, ou POP.

Além dos procedimentos e instruções, outra categoria de informação documentada é o registro. A ISO 9001:2015 não usa o termo *registro*, mas simplesmente "informação documentada que deve ser retida". Registros são fundamentais não só para o sistema da qualidade, mas também para a operação de uma organização, para se garantir a rastreabilidade dos produtos e o histórico das operações. A Figura 7.7 apresenta os requisitos do sistema de gestão da qualidade ISO 9001:2015 que exigem informação documentada em forma de procedimento e/ou registro. Ao todo, são 20 itens destacados pela norma que exigem atenção especial quanto à necessidade de informação documentada. Para todos esses itens, sugerimos que a organização também elabore um POP para facilitar o atendimento à norma, além de padrões (formulários) para o registro das informações.

	Requisitos do SGQ	Breve descrição dos requisitos do sistema de gestão da qualidade	Procedimentos (manter informação documentada)	Manter registros (reter informação documentada)
1	4.3	Escopo do SGQ	Obrigatório (ISO)	Não se aplica
2	5.2.2	Política da qualidade	Obrigatório (ISO)	Não se aplica
3	6.2.1	Objetivos da qualidade	Obrigatório (ISO)	Não se aplica
4	7.1.5.1	Recursos de monitoramento e medição	Recomendável	Obrigatório (ISO)
5	7.2	Competências necessárias das pessoas para gestão de qualidade	Recomendável	Obrigatório (ISO)
6	8.2.3.2	Resultados de análise crítica e requisitos para produtos e serviços	Recomendável	Obrigatório (ISO)
7	8.3.3	Entradas de projeto e desenvolvimento	Recomendável	Obrigatório (ISO)
8	8.3.4	Controles de projeto e desenvolvimento	Recomendável	Obrigatório (ISO)
9	8.3.5	Saídas de projeto e desenvolvimento	Recomendável	Obrigatório (ISO)
10	8.3.6	Mudanças em projeto e desenvolvimento	Recomendável	Obrigatório (ISO)
11	8.4.1	Controle de processos, produtos e serviços providos externamente	Recomendável	Obrigatório (ISO)
12	8.5.2	Identificação e rastreabilidade de produtos e serviços	Recomendável	Obrigatório (ISO)
13	8.5.3	Propriedade de um cliente ou provedor externo (perdas e danos)	Recomendável	Obrigatório (ISO)
14	8.5.6	Controle de mudanças na produção e provisão de serviços	Recomendável	Obrigatório (ISO)
15	8.6	Conformidade e rastreabilidade para liberação de produtos e serviços	Recomendável	Obrigatório (ISO)
16	8.7.2	Controle de resultados não conformes (descrição, ações, concessões e autoridades)	Recomendável	Obrigatório (ISO)
17	9.1.1	Resultados de avaliação de desempenho e eficácia do SGQ	Recomendável	Obrigatório (ISO)
18	9.2.2	Programa de auditorias internas e resultados das auditorias	Recomendável	Obrigatório (ISO)
19	9.3.3	Análises críticas pela direção (avaliação de desempenho e eficácia do SGQ)	Recomendável	Obrigatório (ISO)
20	10.2.2	Natureza das não conformidades e resultados de qualquer ação corretiva	Recomendável	Obrigatório (ISO)

Observações quanto à necessidade de informações documentadas

O sistema de gestão da qualidade da organização deve incluir as informações documentadas requeridas pela ISO 9001:2015 e outras informações documentadas determinadas pela organização como sendo necessárias para apoiar a operação de seus processos e para dar confiança que os processos sejam realizados conforme planejados, assegurando a eficácia do SGQ (síntese dos requisitos 4.4.2 e 7.5.1).
Quando houver mudanças nos requisitos para produtos e serviços, a organização deve assegurar que a informação documentada seja revisada, e que pessoas pertinentes sejam alertadas sobre tais mudanças (requisito 8.2.6).

Figura 7.7 Requisitos da ISO 9001:2015 de documentação obrigatória ou recomendável pelos autores.

Existem vários *softwares* de gestão eletrônica de documentos desenvolvidos com o objetivo específico de gerenciar o sistema de documentação da qualidade, de acordo com os requisitos da ISO 9001. Algumas dessas ferramentas oferecem outras funcionalidades, além da gestão eletrônica de documentos, como gestão de ações corretivas e preventivas, gestão de auditorias internas e outras.

7.5.3 Controle de informação documentada

Os documentos do sistema da qualidade, assim como outros documentos da organização, devem ser controlados para que se garanta disponibilidade, adequabilidade e segurança. O controle de informação documentada é importante para que se assegure que:

- os documentos em circulação sejam analisados e aprovados, incluindo revisões e alterações de documentos já existentes;
- os documentos em circulação sejam identificáveis;
- os documentos desatualizados não sejam utilizados;
- novos documentos ou novas revisões sejam prontamente disponibilizados aos usuários desses documentos;
- haja um controle sobre os documentos em circulação, no que se refere a local ou áreas funcionais em que os documentos se encontram, quais os documentos, revisões e versões vigentes, número de cópias e proteção contra alterações, uso ou circulação indevida;
- o documentos de origem externa considerados necessários para a gestão da qualidade sejam identificados e tenham sua distribuição controlada;
- no caso de registros gerados pela organização, o procedimento de controle garanta que esses registros sejam mantidos em condições de serem recuperados para consultas, na medida da necessidade.

Embora a ISO 9001:2015 não mais exija que a organização tenha um procedimento obrigatório para controle de documentos e registros do sistema de gestão da qualidade, sugerimos que seja mantida a boa prática de se criar um procedimento para o controle de documentos e registros, conforme diretrizes descritas a seguir:

Controle de documentos

O procedimento de controle de documentos deve estabelecer critérios para:

1. Identificação de documentos: normalmente os documentos são identificados por meio de uma legenda, em que constam as seguintes informações:

    – a logomarca da empresa;

    – o título do documento;

    – o código do documento;

    – o nome da pessoa que elaborou o documento;

    – o nome da pessoa que aprovou o documento;

    – a data de emissão do documento;

    – o número da revisão (ou seja, quantas vezes o documento já foi modificado);

    – o número da página e número total de páginas do documento.

A Figura 7.8 ilustra uma legenda padrão de documento.

	SISTEMA DA QUALIDADE TIPO DE DOCUMENTO		
TÍTULO:			
ELABORADO POR:	EMITIDO:		FOLHA:
APROVADO POR:	Nº:		REVISÃO:

Figura 7.8 Legenda para documentos do sistema da qualidade.

2. Denominação dos documentos: geralmente, os documentos são numerados por meio de um código que identifica o tipo de documento, o processo de negócio ou área funcional a que o documento se aplica e por fim um número sequencial do documento. A Figura 7.9 apresenta sugestões para a denominação dos documentos.

```
         Numeração sequencial              Número de exemplares

                        XX.YYY.ØØØ-ØØ

         Tipo de documento          Processo ou área funcional
```

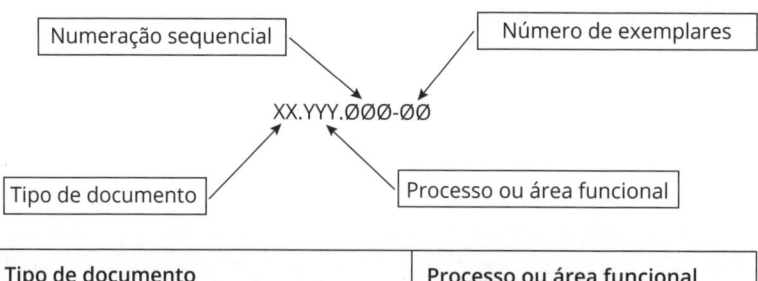

Tipo de documento	Processo ou área funcional
MQ – Manual da Qualidade	CO – Comercial
PQ – Política da Qualidade	EN – Engenharia
OD – Objetivos de Desempenho	AQ – Aquisição
PO – Procedimento Operacional	PR – Produção
IT – Instrução de Trabalho	AT – Assistência Técnica
DR – Tabela de Documentos e Registros	GQ – Gestão da Qualidade
DT – Desenhos Técnicos, Detalhamentos	RH – Recursos Humanos
DG – Documentos Gerais	FI – Financeiro

Figura 7.9 Sugestão de codificação para documentos do sistema da qualidade.

3. Controle de documentos: a organização deve estabelecer uma sistemática para:

   – aprovação de um documento para uso: geralmente, a aprovação de um documento para uso resulta de uma análise crítica da necessidade e da adequação do documento, e é feita por uma pessoa hierarquicamente superior a quem sugeriu e elaborou o documento;

   – controle da validade das cópias em circulação: para garantir que as cópias em circulação sejam claramente identificadas como aprovadas e válidas para uso. Um recurso normalmente usado é identificar os documentos válidos ou obsoletos com carimbos, como ilustrado na Figura 7.10;

```
   ┌─────────────────────────┐   ┌─────────────────────────┐
   │    CÓPIA CONTROLADA     │   │  CÓPIA NÃO CONTROLADA   │
   │      CARIMBO AZUL       │   │    CARIMBO VERMELHO     │
   └─────────────────────────┘   └─────────────────────────┘
```

Figura 7.10 Carimbos de controle de documentos.

- mapear os documentos em circulação: para garantir que os documentos necessários e suficientes sejam disponibilizados para as pessoas nas diferentes funções da organização. Para isso, deve ser usada pela área responsável pelo sistema da qualidade uma tabela que liste cada um dos documentos, quais áreas funcionais ou processos de negócio detêm cópia do documento e quantas cópias estão em circulação. Um exemplo de tabela é ilustrado na Figura 7.11.

Código	Revisão	Data de revisão	Descrição	Local de distribuição	Nº de cópias

Figura 7.11 Exemplo de lista de documentos em circulação.

Controle de registros (informação documentada mantida como registro)

Os registros da qualidade são documentos que registram o histórico das atividades da organização, tais como as informações sobre resultados de produção e atividades em geral; os registros também fornecem evidências de que o controle é exercido ao longo das etapas de operação.

Um procedimento de controle de registros pode ser estabelecido de forma que deixe explícito como a organização garante:

- identificação dos registros: por meio de um nome ou código do registro;
- armazenamento do registro: indicação do meio e do local onde o registro fica armazenado;
- proteção do registro: os locais de guarda dos registros devem ser protegidos de condições que possam colocá-los em risco de deterioração ou adulteração. Os registros que estiverem em sistemas informatizados devem ser copiados em arquivos externos identificados e guardados em local apropriado definido pela empresa. A frequência de execução de cópias deve ser a mais adequada para a empresa;
- recuperação do registro: a forma ou ordem como os registros são recuperados para consulta depois de armazenados, como, por exemplo, por data, semana, mês, ano, código, diretório etc.;

- retenção do registro: é o tempo necessário em que o registro deve ser mantido para fins de comprovação da qualidade praticada, como, por exemplo, seis meses, cinco anos etc. Atendimento a aspectos legais devem ser observados quanto ao tempo de armazenamento de um registro.

Essas informações podem estar contidas em uma tabela de documentos e registros, como sugerido na Figura 7.12.

Nível	Código do Documento	Revisão	Data da Revisão	Descrição do Documento	Distribuição para Áreas	Nº de Cópias	Gera Registros?	Armazenamento		Local	Tempo de Retenção	
								Eletrônica	Física		Arquivo Ativo	Arquivo Morto

Figura 7.12 Tabela de controle de registros.

Operação

8

A cláusula 8 da ISO 9001:2015 apresenta requisitos relacionados às operações de produção. Nessa cláusula, a ISO 9001:2015 apresenta os requisitos das várias etapas ou processos de negócio das operações de produção, como planejamento das operações, análise de requisitos de produtos e serviços, projeto, aquisição, produção e entrega. Cada um desses requisitos é comentado a seguir.

Principais mudanças em relação à ISO 9001:2008:
- a cláusula 7 da ISO 9001:2008, Realização do produto, passa ser a cláusula 8 da ISO 9001:2015, denominada "Operação";
- o requisito de "Relacionamento com o cliente" da ISO 9001:2008 passa a ser denominado "Requisitos para produtos e serviços";
- o requisito de aquisição da ISO 9001:2008 passa a ser denominado "Controle de processos, produtos e serviços providos externamente";
- o requisito de controle de equipamentos de monitoramento, antes parte dos requisitos de realização do produto da edição de 2008, passa a integrar a cláusula 7, Requisitos de suporte;
- o requisito de controle de não conformidade, anteriormente na cláusula de Medição, análise e melhoria da edição de 2008, passa a integrar a cláusula 8 da edição de 2015;
- a ISO 9001:2015 não exige procedimento documentado para controle de produto não conforme.

Informação documentada obrigatória:
- registros sobre:
  - análise crítica de requisitos de produtos e serviços e ações resultantes;
  - entradas de projeto e desenvolvimento;
  - controles de projeto e desenvolvimento;
  - saídas de projeto e desenvolvimento;
  - alterações de projeto e desenvolvimento;
  - controles de processos, produtos e serviços adquiridos externamente;
  - rastreabilidade de produtos;
  - alterações de produção e autorizações;
  - liberação de produtos e serviços;
  - não conformidades.

8.1 Planejamento e controle da operação

As atividades de operação da produção devem ser planejadas levando-se em consideração a necessidade de atendimento dos requisitos dos clientes assim como a expectativa da organização de máxima eficiência. Para a gestão da qualidade na operação, a ISO 9001:2015 estabelece algumas atividades como requisitos do sistema da qualidade, conforme ilustrado na Figura 8.1. Um desses requisitos da norma é que a organização deve analisar seus processos de operação e estabelecer os controles considerados necessários para garantir que os requisitos dos clientes sejam efetivamente atendidos. Esse é o propósito da cláusula 8.1 da ISO 9001:2015.

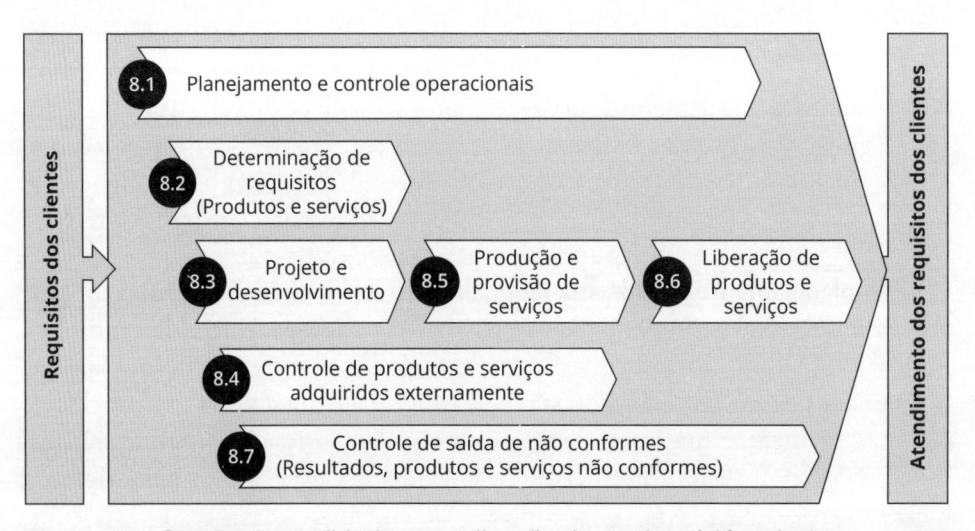

Figura 8.1 Gestão da qualidade na realização do produto (cláusula 8 – Operação).

Esse requisito complementa o requisito da cláusula 4.4, que estabelece que a organização deve determinar os processos necessários para a gestão da qualidade. Ou seja, boa parte dos processos de gestão da qualidade estão relacionados aos requisitos da cláusula 8. Portanto, este requisito, detalhado na cláusula 8.1, estabelece que o planejamento do sistema deve ser complementado com relação a:

a) determinação de requisitos de produtos e serviços: o planejamento e implementação dessa atividade atende ao requisito 8.2 da ISO 9001:2015, como detalhado na próxima seção;

b) estabelecimento de critérios para os processos: envolve o detalhamento de critérios de operação e aceitação de produtos e serviços por meio de procedimentos, instruções e registros. Basicamente, é o planejamento das atividades de gestão da qualidade na operação requeridas pela cláusula 8 da ISO 9001:2015;

c) determinação dos recursos necessários: a organização deve, na fase de planejamento das atividades de gestão da qualidade, determinar os recursos necessários para a implementação das atividades, para que a operação de produção possa gerar resultados (produtos) em conformidade com os requisitos estabelecidos pelos clientes;

d) implementação dos controles de operação: a organização deve planejar a implementação das atividades e controles planejados, detalhados em procedimentos e instruções de trabalho;

e) determinação do sistema documental: o planejamento das atividades, como listado nos tópicos anteriores, resulta na definição de um conjunto de documentos, procedimentos, instruções e registros; além do planejamento desse sistema documental, a organização deve planejar a manutenção e a retenção desses documentos, de forma a evidenciar a execução dos planos e conformidade dos resultados.

No planejamento do sistema da qualidade, o princípio de abordagem por processo deve ser usado para mapear as atividades de operação e de suporte e, a partir dessa visão dos processos e recursos envolvidos na operação, planejar as atividades de gestão da qualidade. A Figura 8.2 ilustra a visão dos processos de uma organização que desenvolve o processo de fabricação e produz sob encomenda produtos cuja especificação de engenharia é especificada pelo cliente.

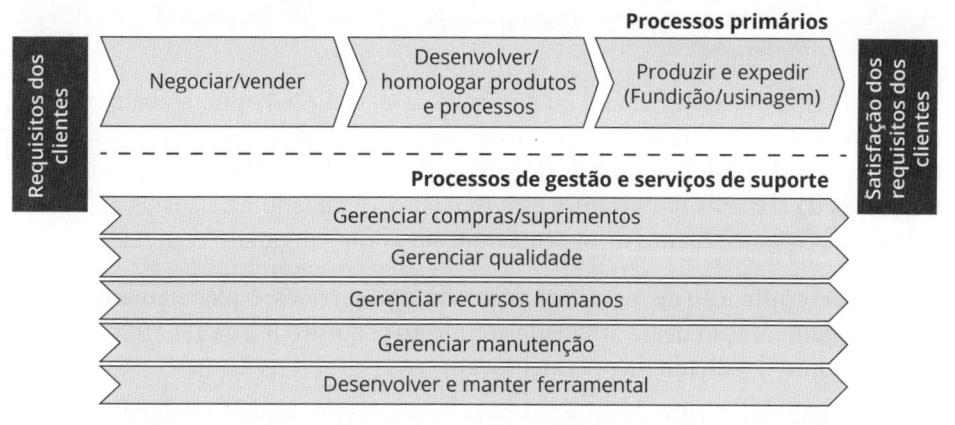

Figura 8.2 Visão de processos de uma organização.

A saída deste planejamento deve se dar de forma adequada ao método de operação da organização e que facilite a comunicação. Um documento que especifique os processos do sistema de gestão da qualidade (incluindo os processos de rotina de operação de produção) e os recursos a serem aplicados a um produto específico pode ser referenciado como um plano da qualidade. Uma alternativa é a construção de mapas dos processos de realização do produto e de suporte que detalhem as atividades de gestão da qualidade, como ilustrado na Figura 8.3 para parte de um processo para a realização de produto. Um mapa como esse documenta a saída do planejamento da qualidade, ou seja, o sistema da qualidade planejado. Ao mesmo tempo documenta o procedimento adotado para as atividades de realização do produto. A utilização de mapas como o ilustrado na Figura 8.3, que mostrem o fluxo de atividades, materiais, instruções, responsáveis e registros e outros documentos usados, é uma boa alternativa à descrição textual. Os mapas são de mais fácil leitura (visual) e são mais visíveis (chamam mais a atenção) em murais, contribuindo para melhor comunicação do sistema da qualidade.

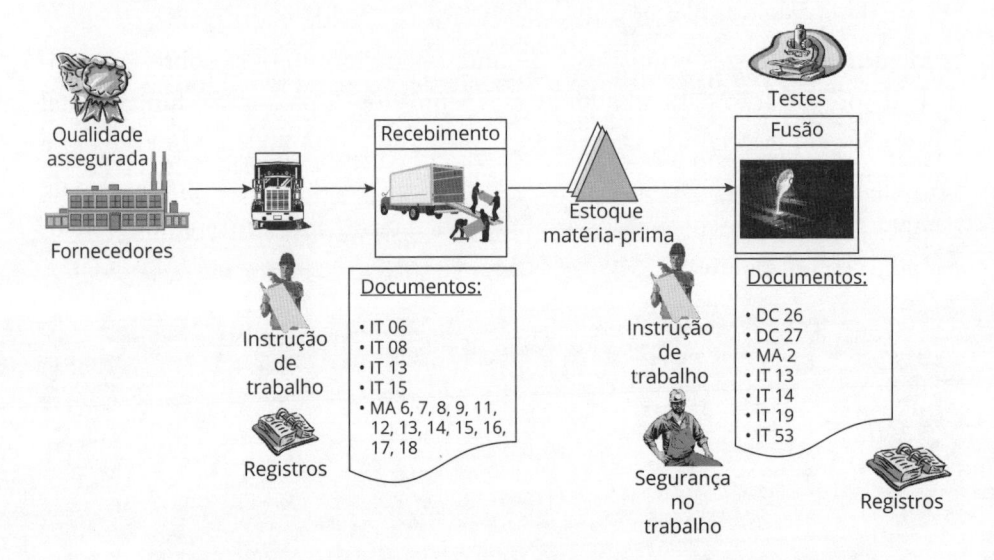

Figura 8.3 Exemplo de planejamento da qualidade: mapa de processo com procedimento.

Portanto, em todas as atividades de operação para as quais a organização entender que seja necessária a gestão da qualidade deve haver um planejamento das atividades de gestão da qualidade. De modo similar, em todas as atividades para as quais a organização entender adequado ter um procedimento documentado, esse procedimento pode ser definido como um mapa do processo, detalhando as atividades de gestão da qualidade.

Independentemente da forma como a organização explicite essas atividades de gestão da qualidade, os requisitos da ISO 9001:2015, especificamente os relacionados à operação, devem ser contemplados. Por exemplo, o planejamento e a implementação da gestão da qualidade de fornecimento devem atender aos requisitos contidos na cláusula 8.4 da norma. Finalmente, a ISO 9001:2015 estabelece ainda que a organização deve controlar mudanças planejadas e revisar as consequências de mudanças não pretendidas. A seguir, veremos como podem ser feitos o planejamento e a documentação das outras atividades de realização do produto.

8.2 Requisitos de produtos e serviços

O atendimento dos requisitos dos clientes depende inicialmente da correta identificação desses requisitos e de uma avaliação criteriosa sobre a capacidade da organização para atender a esses requisitos. E para isso é fundamental a boa comunicação com o cliente. Nesse sentido, a ISO 9001:2015 estabelece três requisitos, ilustrados na Figura 8.4 e detalhados a seguir. Esses requisitos de sistema devem ser incorporados às atividades de rotina do processo de relacionamento com o cliente.

Figura 8.4

Requisitos de produtos e serviços

- Comunicação com o cliente
  - Informação relativa a produtos e serviços
  - Consultas, contratos ou pedidos, e mudanças
  - Feedback do cliente, incluindo reclamações
  - Propriedade do cliente
  - Ações de contingência
- Determinação dos requisitos
  - Requisitos especificados pelo cliente, incluindo entrega e pós-entrega
  - Requisitos não declarados pelo cliente mas considerados necessários pela organização
  - Requisitos legais aplicáveis
  - Requisitos adicionais considerados necessários
- Análise crítica de requisitos
  - Requisitos constantes em contratos ou pedidos diferentes do acordado: análise e resolução de divergências
  - Confirmação dos requisitos pela organização antes da aceitação
  - Manutenção de registros sobre análise crítica

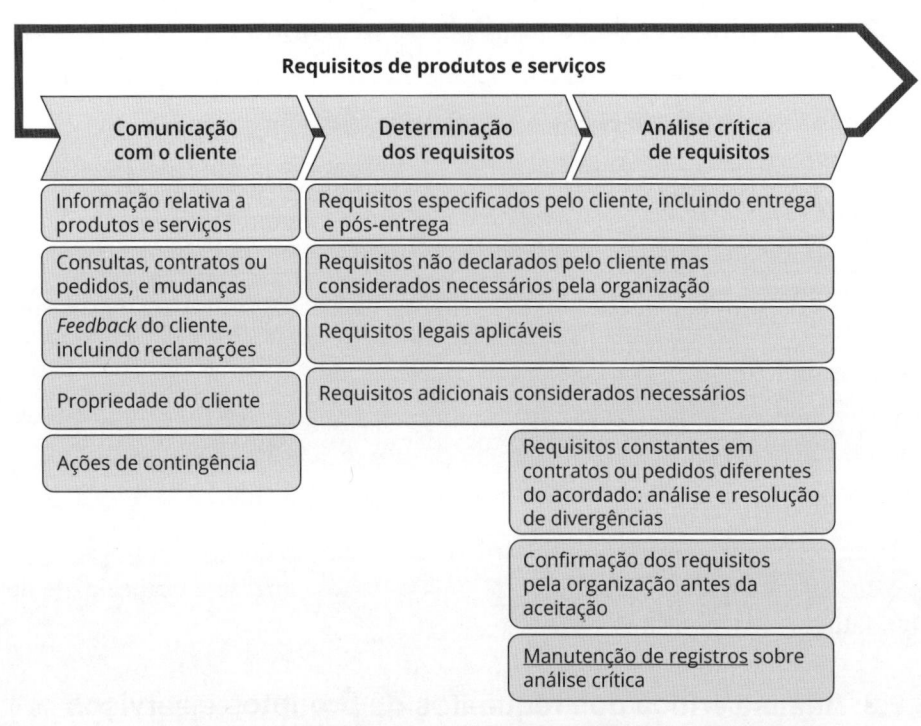

Figura 8.4 Processos de gestão requeridos pela ISO 9001:2015 para a determinação de requisitos de clientes.

8.2.1 Comunicação com o cliente

A comunicação com o cliente é um dos primeiros passos para o atendimento dos requisitos dos clientes nas operações de produção. Sobre isso, a cláusula 8.2.1 da ISO 9001:2015 diz que a comunicação com o cliente deve incluir:

a) requisitos de produtos e serviços;

b) questionamentos, contratos, pedidos e alterações;

c) avaliação do cliente sobre produtos e serviços, incluindo reclamações;

d) manuseio e posse de bens de propriedade do cliente;

e) requisitos específicos de ações de contingência, em caso de serem relevantes.

Portanto, a organização deve estabelecer uma sistemática de relacionamento e comunicação com o cliente que possibilite o levantamento e a troca de informações, de forma que o esforço da organização para o atendimento dos requisitos dos clientes não seja prejudicado pela falta ou falha de comunicação.

8.2.2 Determinação de requisitos de produtos e serviços

A ISO 9001:2015 estabelece que a organização deve assegurar que todos os requisitos de produtos e serviços sejam identificados, o que inclui:

a) requisitos do produto ou serviço especificados pelo cliente, incluindo os requisitos de conformidade com especificações técnicas, requisitos relacionados a entrega e pós-entrega;

b) requisitos não declarados pelo cliente, mas necessários para o uso especificado ou pretendido para o produto;

c) requisitos legais aplicáveis ao produto; e

d) qualquer requisito adicional considerado necessário pela organização.

A ISO 9001:2015 estabelece ainda que a organização deve se assegurar que o produto e o serviço ofertados de fato correspondam ao que a organização alega que entregará. Para isso, é importante uma criteriosa análise da capacidade de atendimento dos requisitos, tratada a seguir.

8.2.3 Análise crítica dos requisitos de produtos e serviços

Uma vez identificados os requisitos dos clientes, cabe à organização fazer uma análise crítica da capacidade da organização em atendê-los. Uma ocorrência bastante comum na fase de comercialização de um produto ou serviço é a aceitação de um pedido de fornecimento sem a prévia avaliação sobre a real capacidade da organização em atender esses requisitos. Portanto, a ISO 9001:2015 determina que a organização deve fazer uma análise crítica, antes de se comprometer com o fornecimento de produtos e serviços, verificando se estão claramente definidos os requisitos:

a) especificados pelo cliente, incluindo requisitos de entrega e pós-entrega;

b) não declarados pelo cliente, mas necessários para o uso especificado ou pretendido para o produto;

c) especificados pela organização;

d) legais aplicáveis ao produto, e;

e) constantes em contrato ou pedido, mas diferentes daqueles previamente expressos.

A organização deve atentar para requisitos constantes em contratos ou pedidos diferentes do que foi previamente estabelecido. Caso haja divergências, a organização deve se assegurar que elas sejam resolvidas. Para assegurar que a análise crítica seja feita, a ISO 9001:2015 *estabelece que sejam mantidos registros dos resultados da análise crítica e das ações resultantes dessa análise, como, por exemplo, novos requisitos*. Além disso, quando o cliente não fornece uma declaração documentada dos requisitos, a organização deve confirmar os requisitos do cliente antes da aceitação.

A ISO 9001:2015 também salienta que em algumas situações, como vendas pela internet, uma análise crítica formal para cada pedido é impraticável. Nesses casos, a análise crítica pode compreender as informações pertinentes ao produto, tais como catálogos ou material de propaganda.

Finalmente, na cláusula 8.2.4, a norma estabelece que quando os requisitos de produto forem alterados, a organização deverá assegurar que os documentos pertinentes sejam revisados e que o pessoal pertinente seja alertado sobre os requisitos alterados. Um ponto importante a ser observado, bastante relacionado à cláusula 9 da ISO 9001:2015, de avaliação de desempenho, é que as informações sobre requisitos de clientes e avaliação sobre a capacidade da organização para atender a esses requisitos devem ser usadas para direcionar os esforços da organização na direção da superação das dificuldades que impedem o não atendimento dos requisitos. Isso significa que faz parte do gerenciamento estratégico da organização direcionar esforços para a melhoria e mudança de aspectos que tenham um grande impacto na manutenção e no crescimento da clientela e do faturamento da organização. Essa é uma prática que qualquer organização preocupada em se manter no mercado deve ter, independentemente de seu tamanho.

8.3 Projeto e desenvolvimento de produtos e serviços

8.3.1 Considerações gerais

Os requisitos da ISO 9001:2015 para a atividade de projeto e desenvolvimento se aplicam especialmente ao projeto e desenvolvimento de produtos, bens materiais ou *software*. No caso de bens materiais, a atividade de projeto e desenvolvimento pode se aplicar também ao processo de fabricação, dependendo da complexidade tecnológica do produto e do sistema de produção. Por exemplo, na manufatura em série de bens de consumo duráveis, como é o caso da indústria automobilística, eletroeletrônicos e outros setores, o projeto do processo de fabricação é fundamental para se garantir a capabilidade[1] dos processos de

---

[1] Capacidade do processo de atender aos requisitos de projeto (COSTA; EPPRECHT; CARPINETTI, 2004).

fabricação e dos dispositivos de medição e inspeção. O mesmo é verdadeiro para empresas de processamento contínuo ou semicontínuo, como é o caso da indústria petroquímica. Já em outras situações, como em sistemas do tipo *job-shop*, em que há baixos volumes de produção, como na indústria de bens de capital ou na construção civil, ainda que o processo de fabricação seja bastante específico, de modo geral não há necessidade de um processo formal de desenvolvimento de processo de fabricação.

Em função dessas variações, diferentes situações podem ocorrer:

- a empresa realiza o desenvolvimento do produto e do processo de fabricação;
- a empresa realiza o desenvolvimento do produto e fornece o projeto do produto para um fornecedor fabricar. Essa situação é muito comum na indústria de bens de consumo duráveis;
- a empresa desenvolve o processo de fabricação a partir do projeto do produto do cliente, situação também comum na indústria de bens de consumo duráveis;
- a empresa fabrica a partir do projeto do produto do cliente sem a necessidade de um processo formal de desenvolvimento do processo de fabricação.

Em se tratando de serviços, pode-se dizer que em geral, a complexidade do projeto e desenvolvimento é menor. Assim, em função dessas variações, é possível que a empresa não desenvolva ou desenvolva parcialmente a atividade de projeto e desenvolvimento e, nesses casos, esse requisito é justificadamente excluído ou parcialmente excluído do sistema da qualidade da organização.

No entanto, quando a exclusão não se justifica, a organização deve gerenciar a qualidade no projeto e no desenvolvimento. A ISO 9001:2015 estabelece para a gestão da qualidade no projeto e desenvolvimento de produtos os requisitos apresentados a seguir e detalhados nos tópicos seguintes:

a) planejamento do projeto e desenvolvimento;

b) entradas de projeto e desenvolvimento;

c) controles de projeto e desenvolvimento;

d) saídas de projeto e desenvolvimento;

e) alterações de projeto e desenvolvimento.

Independentemente da complexidade do processo de projeto e desenvolvimento de produto, é importante que a organização planeje seu processo de desenvolvimento de produto, estabelecendo as etapas a serem seguidas, responsáveis e procedimentos, contemplando os requisitos da ISO 9001:2015 descritos a seguir.

8.3.2 Planejamento do projeto e desenvolvimento

De um modo geral, as atividades de projeto e desenvolvimento de produto e processo são organizadas em etapas, como ilustrado na Figura 8.5. Existem estágios durante o processo de desenvolvimento que se caracterizam por alguma atividade principal (como planejamento, projeto de produto, processo e validação) e que finalizam-se com um resultado principal, como um desenho de engenharia, protótipo, produção piloto e lançamento do produto. A cada passagem de um estágio para o seguinte é feita uma análise crítica de progresso e resultados obtidos, ou seja, um ponto de decisão se um projeto prossegue ou não para a fase subsequente. Por último, verificação e ação corretiva são feitas sistematicamente ao longo do processo.

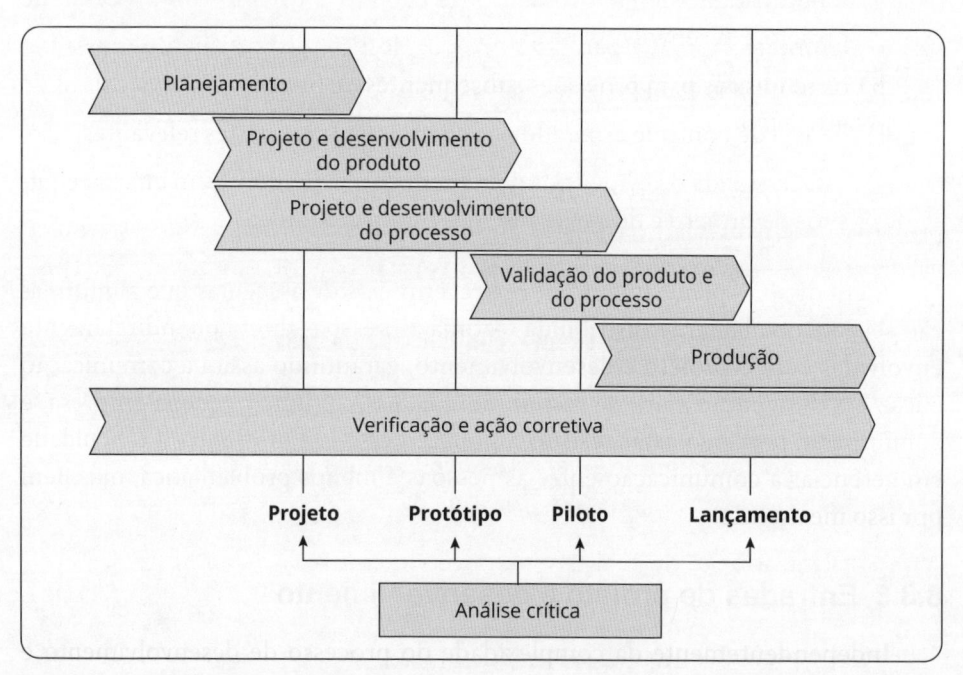

Figura 8.5 Processo de desenvolvimento de produto e processo.

Essas etapas e atividades devem ser adequadas à realidade da organização, dependendo do tipo e da complexidade de produto e das possíveis variações, como observado no tópico anterior. Com base nessa visão, a ISO 9001:2015 estabelece que a organização deve determinar os estágios e controles requeridos para o processo de projeto e desenvolvimento. Portanto, para esse planejamento, a organização deve considerar:

a) natureza, duração e complexidade das atividades de projeto e desenvolvimento;

b) os estágios de projeto e desenvolvimento requeridos, incluindo as revisões aplicáveis;

c) as atividades de verificação e validação requeridas;

d) as responsabilidades e autoridades para projeto e desenvolvimento;

e) as necessidades de recursos internos e externos para o projeto e desenvolvimento;

f) a necessidade de controlar as interfaces entre pessoas envolvidas no processo de projeto e desenvolvimento;

g) a necessidade de envolvimento de clientes e usuários no processo de projeto e desenvolvimento;

h) os requisitos para provisões subsequentes de produtos e serviços;

i) o nível de controle esperado por clientes e outras partes relevantes;

j) a necessidade de evidências documentais que demonstrem que os requisitos de projeto e desenvolvimento foram atendidos.

Além disso, o planejamento deve prever meios de assegurar que a informação seja adequadamente distribuída e atinja as pessoas direta ou indiretamente envolvidas com o projeto e desenvolvimento, garantindo assim a comunicação eficaz e a designação clara de responsabilidades. Em uma pequena empresa, é comum esse processo estar restrito a poucas pessoas e, portanto, a dificuldade em gerenciar a comunicação entre as pessoas é menos problemática, mas nem por isso inexistente.

8.3.3 Entradas de projeto e desenvolvimento

Independentemente da complexidade do processo de desenvolvimento e do tipo de produto, durante o planejamento, a organização deve determinar as informações de entrada para o processo de projeto e desenvolvimento. Em geral, essas entradas, definidas pelo mercado ou internas à empresa (alinhadas com as exigências da cláusula 8.2.2), incluem:

a) requisitos funcionais e de desempenho para o produto ou serviço;

b) informações originadas da experiência com projetos anteriores de produtos ou serviços similares;

c) requisitos legais para o produto como normas nacionais ou internacionais e legislações cabíveis;

d) políticas, objetivos e normas que a organização decida implementar;

e) análise das potenciais consequências de falhas, devido à natureza do produto e do serviço;

A ISO 9001:2015 esclarece que as entradas devem ser adequadas aos propósitos das atividades planejadas para projeto e desenvolvimento. As entradas também devem ser completas e sem ambiguidades. Entradas de projeto e desenvolvimento conflitantes devem ser analisadas e solucionadas. Por fim, a ISO 9001:2015 estabelece que *a organização deve manter registros como evidência das informações de entrada usadas no processo*.

8.3.4 Controles de projeto e desenvolvimento

A ISO 9001:2015 estabelece que a organização deve controlar os resultados do processo de projeto e desenvolvimento. Para isso, a norma estabelece que a organização deve:

a) definir os resultados a serem atingidos pelo processo de projeto e desenvolvimento;

b) realizar análise crítica: a análise crítica de projeto e desenvolvimento tem como objetivo geral verificar, durante o processo de desenvolvimento, se os resultados gerados pela atividade de desenvolvimento de produto estão de acordo com o planejado, se os requisitos de clientes e outras partes interessadas estão sendo contemplados e se existem problemas que necessitam ser resolvidos. Por isso, a análise crítica deve acontecer em intervalos de tempo regular e em estágios-chave do processo de desenvolvimento. A Figura 8.5 ilustra a análise crítica entre uma fase e outra do processo. Portanto, de acordo com a sua realidade, a organização deve determinar os estágios de desenvolvimento de produto, os momentos de análise crítica e o procedimento a ser adotado, incluindo responsáveis pela análise crítica e temas relevantes para a análise crítica;

c) realizar verificações: diferentemente da análise crítica, cujo propósito é avaliar se os objetivos estratégicos planejados para o desenvolvimento de produto estão sendo alcançados, a verificação deve ser executada para assegurar que as saídas do projeto e desenvolvimento atendam aos requisitos de entrada do projeto e desenvolvimento e estejam livres de erros. Essas verificações devem ser feitas em determinados momentos críticos do desenvolvimento de produto, de acordo com um procedimento estabelecido pela organização;

d) realizar validações para assegurar que os produtos e serviços resultantes do processo de projeto e desenvolvimento atendam aos requisitos especificados para a aplicação ou uso pretendido;

e) implementar ações para atenuar problemas identificados durante a análise crítica, verificação ou validação.

Análise crítica, verificação e validação podem ser conduzidas conjunta ou separadamente, dependendo de como a organização planejou seu processo de projeto e desenvolvimento. A ISO 9001:2015 estabelece ainda que *a organização deve manter registros que evidenciem a realização dessas atividades.*

8.3.5 Saídas de projeto e desenvolvimento

As saídas básicas de um processo de desenvolvimento de produto são: especificações técnicas do produto que atendam aos requisitos de clientes e legais; especificações técnicas para produção, aquisição de materiais e serviços de inspeção e ensaio. As saídas devem ser determinadas de acordo com a natureza do produto, o escopo de atividades do desenvolvimento e as entradas definidas. Assim, a ISO 9001:2015 estabelece que a organização deve assegurar que as saídas:

a) atendam aos requisitos de entrada;

b) sejam adequadas aos processos subsequentes para a obtenção de produto e serviço. Ou seja, as saídas devem ser adequadas para a produção e outras atividades subsequentes produzirem e liberarem o produto e o serviço;

c) incluam especificação de requisitos de medição e monitoramento assim como critérios de aceitação do produto para serem usados em produção;

d) especifiquem as características técnicas dos produtos e serviços assim como informações para produção.

Novamente, a ISO 9001:2015 estabelece que *a organização deve manter registros que evidenciem as saídas de projeto e desenvolvimento.*

8.3.6 Alterações de projeto e desenvolvimento

A ISO 9001:2015 estabelece que a organização deve identificar, revisar e controlar as alterações feitas durante ou após o projeto e desenvolvimento dos produtos e serviços. Alterações de projeto são bastante comuns e por isso mesmo deve haver um controle para que alterações de projeto não causem perda de conformidade do projeto com os requisitos de clientes ou outros requisitos definidos na entrada de projeto (conforme descrito em 8.3.3). Também *devem ser mantidos registros dos resultados das revisões de análise crítica e de possíveis alterações que tenham sido feitas.*

8.4 Controle de processos, produtos e serviços adquiridos externamente

8.4.1 Visão geral

Em vários setores industriais, especialmente aqueles que exigem certificação, as empresas se organizam em cadeias produtivas. Nesse contexto, é muito comum que produtos e serviços adquiridos externamente sejam incorporados aos produtos e serviços da própria organização. Também pode acontecer de o produto ou serviço adquirido externamente ser entregue diretamente ao cliente. Ainda outra situação comum é quando parte do processo de produção é terceirizada, ou seja, adquirida externamente. Nesses casos, o processo, produto ou serviço adquirido pode interferir em um ou mais dos requisitos dos clientes, tais como qualidade, custo, prazo e pontualidade de entrega. Portanto, a gestão da qualidade da atividade de aquisição torna-se indispensável.

A ISO 9001:2015 estabelece que a organização deve determinar e aplicar critérios para avaliação, seleção, monitoramento e reavaliação de desempenho de seus fornecedores. Também neste caso, a ISO 9001:2015 estabelece que *a organização deve manter registros que comprovem a realização dessas atividades e qualquer outra atividade resultante da avaliação dos fornecedores.*

De um modo geral, a gestão da qualidade da aquisição envolve basicamente os pontos ilustrados na Figura 8.6. A seguir, os requisitos da ISO 9001:2015 relacionados à aquisição são apresentados e comentados.

```
┌─────────────────────────────────────────────────────────────────────────┐
│                  Gestão do processo de compras/aquisição                │
│  ╱─────────────╲  ╱─────────────╲  ╱─────────────╲  ╱─────────────╲   │
│  Especificação de  Seleção de      Avaliação do    Avaliação do        │
│  produto/serviço   fornecedores    produto/serviço  fornecedor         │
│  ╲─────────────╱  ╲─────────────╱  ╲─────────────╱  ╲─────────────╱   │
│         ▲              ▲                 ▲                 ▲            │
│         └──────────────┴─────────────────┴─────────────────┘           │
│                    Controle de processos, produtos e                   │
│                    serviços providos externamente                      │
└─────────────────────────────────────────────────────────────────────────┘
```

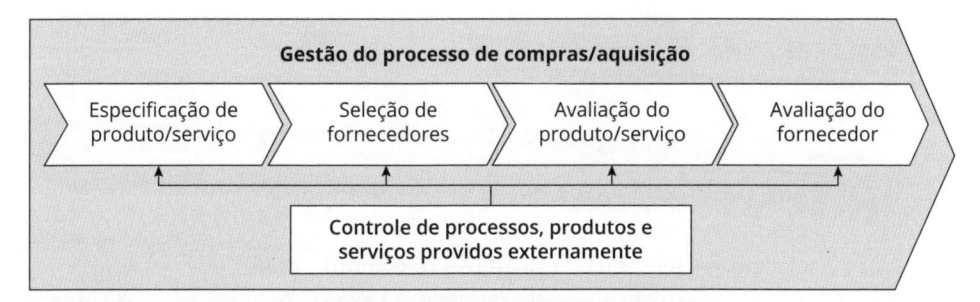

Figura 8.6 Gestão da qualidade no processo de aquisição.

8.4.2 Tipo e extensão do controle

Tendo em vista a necessidade da gestão da qualidade no fornecimento, a ISO 9001:2015 estabelece que a organização deve, inicialmente, avaliar o quanto os processos, produtos ou serviços adquiridos externamente podem comprometer a capacidade de a organização atender regularmente os requisitos de clientes e outros requisitos legais ou normativos. Ou seja, qual o impacto, ou impacto potencial, do processo, produto ou serviço adquirido sobre o atendimento de requisitos. Além disso, a norma estabelece que a organização deve:

a) assegurar que os processos terceirizados permaneçam sob a gestão do sistema da qualidade da organização. Ou seja, ainda que o processo terceirizado não seja realizado pela organização, ele faz parte do escopo do sistema da qualidade da organização e, portanto, deve atender aos requisitos de gestão do sistema da qualidade da organização;

b) definir os critérios para avaliação do fornecedor assim como para avaliação do processo, produto ou serviço adquirido;

c) avaliar a eficácia dos procedimentos de controle aplicados aos fornecedores;

d) determinar verificações ou auditorias de segunda parte para assegurar que os processos, produtos ou serviços adquiridos atendam às especificações estabelecidas assim como aos requisitos do sistema de gestão da qualidade da organização.

Para atender a esses requisitos, consideramos uma boa prática a criação de procedimentos para avaliação da aquisição assim como para avaliação do fornecedor, conforme discutido a seguir.

Avaliação do produto adquirido

O produto adquirido deve ser inspecionado no ato do recebimento. Essa inspeção pode incluir:

- conferência da descrição e quantidade do produto descriminado na solicitação de compra com a discriminação na nota fiscal e com o produto recebido;
- conferência do certificado de qualidade do produto, caso exista, verificando se as características técnicas do produto fornecido conferem com a especificação constante na solicitação;
- inspeção por amostragem (Costa; Epprecht; Carpinetti, 2004): inspeção das características técnicas de uma amostra de um lote do produto e aceitação ou não do lote baseado na quantidade de peças defeituosas encontradas na amostra. Essa técnica, chamada de inspeção para aceitação de lotes, descrita na norma NBR ISO5426 – Inspeção por amostragem, é geralmente usada quando a inspeção cem por cento é impraticável, como é o caso na indústria seriada, onde normalmente tem-se grandes lotes. Mesmo nesses casos, a inspeção por amostragem pode ser dispensada, quando o histórico de fornecimento de produtos com qualidade garantida justifique tal medida.

Para facilitar e padronizar a inspeção de recebimento, convém que a empresa estabeleça um formulário contendo as informações e detalhes que devem ser avaliados no ato do recebimento. A Figura 8.7 ilustra um formulário desse tipo. O resultado da avaliação do produto adquirido determina se o produto será aceito ou rejeitado e consequentemente serve também para avaliar o fornecedor, como descrito a seguir.

Quando se trata de um serviço adquirido, a inspeção de recebimento deve levar em conta aspectos relacionados à especificação do serviço fornecido. Portanto, de um modo geral, o mesmo procedimento se aplica.

	FORMULÁRIO DE INSPEÇÃO DE RECEBIMENTO (RIR)	

Nº do Documento: XX_YY_000	Revisão: 0	Data de emissão: XX/XX/XXXX
Fornecedor:		Data de entrega:
Descrição do material:		Quant. recebida:
Ordem de compra:	NF nº	Data da emissão da NF:
Destino:		Certificado de qualidade nº:

CHECKLIST			
Prazo de entrega foi cumprido?	Sim ☐ Não ☐	Obs.:	Atraso de _____ dias
Material com certificado de qualidade?	Sim ☐ Não ☐	Obs.:	
MP/Insumos estão conforme especificado?	Sim ☐ Não ☐	Obs.:	
Quantidade está correta?	Sim ☐ Não ☐	Obs.:	

LAUDO FINAL		
☐ Aprovado	☐ Reprovado – SAC nº	☐ Aprovado condicionalmente
Obs.:		
Data:	Assinatura do responsável	

Figura 8.7 Exemplo de formulário para inspeção de recebimento.

Avaliação do fornecedor

A avaliação do fornecedor é feita ao final de cada processo de aquisição ou ao final de cada período de contrato de aquisição, com base no produto fornecido assim como no serviço de fornecimento. A complexidade do processo de avaliação depende do tipo de produto ou serviço sendo fornecido. De um modo geral, devem-se avaliar:

- acurácia da entrega: avalia se existe alguma incorreção relacionada à descrição do produto, quantidade, nota fiscal e outros detalhes que possam classificar a entrega como incorreta ou parcialmente correta;
- prazo e pontualidade da entrega: além do prazo de entrega previamente acertado com o fornecedor, a pontualidade de entrega é outro aspecto importante, pois pode comprometer os prazos de produção e entrega da organização;
- qualidade do produto fornecido: pode ser avaliada por meio de um certificado da qualidade atestando as características técnicas necessárias ou por inspeção por amostragem ou cem por cento dos produtos fornecidos.

Além da avaliação do atendimento dos requisitos de entrega, a organização deve avaliar o potencial do fornecedor para o atendimento dos requisitos de entrega, assim como o relacionamento com o fornecedor. Nesse sentido, alguns requisitos importantes são relacionados a:

- capacitação em gestão da qualidade: o fornecedor deve demonstrar que atende aos requisitos de gestão da qualidade estabelecidos pela organização compradora. E quando se trata da aquisição de parte do processo de produção, deve-se avaliar se o fornecedor está implementando adequadamente o sistema da qualidade da organização compradora. Nesses casos, auditorias da organização compradora nas instalações do fornecedor, além de outras evidências, podem ser usadas para avaliar a capacidade do fornecedor em gerenciar a qualidade nas suas operações de produção e entrega;
- resolução de problemas: é improvável que nunca haja problema relacionado ao fornecimento de produtos, serviços ou processos. Portanto, um quesito importante é a disposição e celeridade da empresa fornecedora na resolução de problemas. Esse é um requisito muito importante e que pode ter grande importância na renovação de contratos de fornecimento.

A avaliação do fornecedor deve considerar o desempenho dele em cada um dos requisitos. A avaliação global do fornecedor, que consolide o desempenho em todos os requisitos, deve considerar também o peso de cada um deles. Para todos os requisitos, a avaliação pode ser feita de maneira simples, por meio da atribuição de uma nota para cada um dos itens e uma nota geral considerando-se pesos diferentes para cada um dos itens. A Figura 8.8 apresenta como exemplo uma forma bastante simples de avaliação e classificação de um fornecedor. Segundo esse procedimento sugerido, a avaliação global leva à classificação do fornecedor como bom, regular ou insatisfatório. Por esse procedimento, pode acontecer de, mesmo que o fornecedor não atenda algum requisito de avaliação (por exemplo, prazo de entrega), o bom desempenho nos outros requisitos compense esse resultado ruim. Alternativamente, pode-se definir um limite mínimo para cada um dos requisitos, para que seja disparada uma ação de melhoria caso o desempenho seja fraco em algum dos requisitos. Mas o procedimento de avaliação de fornecedor pode ser bastante complexo, baseado em modelos de decisão e envolvendo o uso de técnicas multicritério de tomada de decisão. Essas técnicas são discutidas em mais detalhes por Lima Junior et al. (2014).

1 – Critérios para classificação de fornecedores
– Considerar os seguintes critérios para classificar os fornecedores:

	ATENDE	NÃO ATENDE
O fornecedor cumpriu o Prazo de entrega do material?	SIM	NÃO
O material possui Certificado de Qualidade?	SIM	NÃO
Especificação do material está correta?	SIM	NÃO
Quantidade do material está correta?	SIM	NÃO

– Quando o fornecedor não atender um desses requisitos na entrega, será considerado com demérito. Em cada entrega o fornecedor terá um número máximo de 4 deméritos.

2 – Cálculo da Nota Mensal:
Nota Mensal do Fornecedor = (Número Total de Deméritos)/(Números de Pedidos no Mês)
Portanto, a nota mensal do fornecedor variará de:
    0 → **Está atendendo a todos os requisitos da entrega;**
    4 → **Não está atendendo a nenhum dos requisitos da entrega.**

3 – Definições das regras para pontuação
1. De 0 a 1 pt, o fornecedor apresenta bom desempenho;
2. De 2 a 3 pts, o fornecedor apresenta desempenho regular;
3. Nota = 4 pts, o fornecedor apresenta desempenho insatisfatório.

4 – Regras para subir ou descer na pontuação
1. Se o fornecedor apresenta bom desempenho, nenhuma ação de melhoria é exigida;
2. Se o fornecedor cair de bom para regular, deverá ser alertado pela área de compras e apresentar propostas de melhoria;
3. Se o fornecedor cair de regular para insatisfatório, a área de compras deverá excluí-lo de seu cadastro e enviar uma carta de aviso;
Obs.1: Em caso de fornecedor único ou estratégico, a decisão caberá ao supervisor de compras;
Obs. 2: O fornecedor excluído poderá voltar a fornecer em função de uma melhoria implementada e comprovada;
1. Se o fornecedor subir de regular para bom, deverá ser comunicado com carta de parabenização pelo bom desempenho.

Figura 8.8 Sugestão de procedimento para avaliação de fornecedores.

8.4.3 Informações para os fornecedores

A organização deve estabelecer claramente as especificações relacionadas ao fornecimento e comunicá-las aos seus fornecedores. Também nesse caso, sugerimos à organização que crie um procedimento de trabalho para que o processo de seleção do fornecedor não deixe de considerar todos os requisitos para o fornecimento. Vale ressaltar que a ISO 9001:2015 estabelece que a organização deve solicitar de seus fornecedores não só requisitos relacionados às especificações do produto ou serviço. Inclui também requisitos relacionados à competências necessárias, requisitos para um bom relacionamento e requisitos de avaliação do fornecedor. Nesse sentido, a ISO 9001:2015 estabelece que a organização deve comunicar aos seus fornecedores:

a) especificações sobre processos, produtos e serviços a serem providos. Os processos, produtos e serviços a serem adquiridos devem ser adequada e completamente especificados, de forma que atendam aos requisitos especificados pelos clientes e pela empresa. As grandes empresas geralmente dispõem de comprador com conhecimento técnico para garantir que detalhes técnicos sejam devidamente contemplados. As pequenas empresas nem sempre dispõem de um comprador com conhecimento técnico suficiente. Nesse caso, a área de compras deve contar com um suporte da área técnica, projeto ou produção. O uso de um *checklist* ou formulário para registro de solicitações de compra, com detalhes especificando o produto ou serviço, é um procedimento que ajuda e minimizar problemas relacionados à especificação do produto;

b) os requisitos para aprovação e liberação de produtos e serviços e aprovação de métodos de trabalho, processos e equipamentos de seus fornecedores. A organização deve detalhar os requisitos para produção, inspeção, aprovação e liberação. Em alguns setores, como na indústria automotiva, as exigências incluem nível de capabilidade mínimo e critérios para produção e aprovação de lote piloto antes da aprovação final do fornecedor;

c) requisitos relacionados a competências necessárias da organização fornecedora e qualificação das pessoas envolvidas. Por exemplo, competências relacionadas à tecnologia de produção ou competências em gestão da qualidade;

d) requisitos de relacionamento entre organização compradora e fornecedor. Esse é um aspecto muito importante. Portanto, a organização deve estabelecer as regras básicas de relacionamento. Por exemplo, a organização compradora deve estabelecer regras de relacionamento para a resolução de problemas de entrega ou qualquer outro problema que possa gerar conflito na relação de fornecimento;

e) requisitos de avaliação de desempenho do fornecedor. Os requisitos a serem usados em avaliações futuras devem ser antecipadamente informados ao potencial fornecedor;

f) requisitos para auditorias da organização ou de seus clientes nas instalações do fornecedor.

Portanto, com base nesses requisitos da ISO 9001:2015, a organização compradora pode definir um procedimento de avaliação para seleção de fornecedores. Esse procedimento deve detalhar todas as informações sobre as exigências relacionadas ao fornecimento, que devem ser transmitidas aos potenciais fornecedores. Em seguida, o procedimento deve detalhar o processo de decisão sobre a escolha ou escolhas dos melhores fornecedores. Esse processo deve definir os critérios que serão usados, com base nos requisitos (ou critérios) de fornecimento, peso de cada um dos critérios e forma de avaliação dos fornecedores. O processo de decisão também depende da situação de compra. Por exemplo, para uma compra de um fornecedor pela primeira vez, critérios relacionados ao relacionamento só podem ser avaliados por meios indiretos.

Por último, vale observar que a ISO 9001:2015 enfatiza a exigência de uma série de requisitos de fornecimento, sem incluir o requisito preço. É óbvio que as organizações compradoras também buscam o melhor preço e vão fazer suas escolhas também com base em preço. No entanto, é importante que haja uma atenção especial para se evitar que a decisão de compra seja tomada com base exclusivamente no preço, prática bastante comum especialmente em empresas que não têm cultura em gestão da qualidade e também comum em organizações que devem seguir legislações específicas para licitações e contratos da administração pública. Para isso, a empresa pode construir uma planilha com o histórico dos fornecedores, incluindo avaliação de fornecimento, a fim de ter informações para a tomada de decisão.

8.5 Produção e fornecimento de serviço

A produção (de produtos ou serviços) é uma das etapas mais críticas para a garantia da qualidade, já que nessa etapa a qualidade planejada e projetada é incorporada ao produto. Um produto resultante do processo de produção que não atenda às especificações estabelecidas deve ser rejeitado antes que ele chegue às mãos do cliente. Uma medida genérica de qualidade em manufatura é o percentual de peças defeituosas, ou, em algumas empresas, peças (defeituosas) por milhão de peças produzidas (PPM, do inglês *parts per million* ou partes por milhão). Essa medida também é usada em processos administrativos, cujo resultado pode ser avaliado como correto ou incorreto. A medida só não é usada na produção de serviços em que o consumo acontece simultaneamente à produção. Nesses casos, a medida de qualidade está diretamente vinculada à satisfação do cliente.

Se um produto ou lote de produção é rejeitado antes de atingir o cliente, esse resultado inaceitável terá impacto sobre a eficiência e o custo de produção (quanto maior o índice de rejeição, menor a eficiência e maior o custo). No entanto, se o produto ou lote de produção fora das especificações não for rejeitado e atingir o cliente, além do custo e perda de eficiência haverá uma perda maior, decorrente da insatisfação do cliente, que pode resultar na perda de faturamento e também em custos com multas e indenizações. Daí a importância em se minimizar (se possível eliminar) a produção de resultados inaceitáveis. Nas empresas mais avançadas, de produção seriada, como da indústria automobilística e de bens de consumo, os níveis de rejeição considerados aceitáveis estão na faixa de algumas dezenas a algumas centenas de peças por milhão de peças produzidas (PPM).

A produção de itens sem defeitos ou com um nível de defeitos baixo o suficiente para ser considerado aceitável requer um controle rígido da produção, que inclui a combinação de duas atividades clássicas: controle de processo e inspeção.

A inspeção é o processo pelo qual o resultado do processo de fabricação é verificado, por meio de instrumentos de medição, dispositivos ou análise visual, e classificado como aceitável ou não aceitável, tendo em vista as especificações de projeto para fabricação do produto. A realização da inspeção ao final do processo minimiza a chance de itens produzidos fora das especificações serem entregues ao cliente. No entanto, somente realizar a inspeção não elimina o problema e, portanto, é preciso investir no controle da qualidade do processo. Com esse controle, pode-se melhorar o projeto do processo de fabricação e com isso minimizar a produção de itens fora da especificação. Além desse benefício fundamental, com o controle da qualidade do processo minimiza-se a necessidade de inspeção, já que a ocorrência de itens defeituosos estará sob controle. Tendo em vista os pontos mencionados anteriormente, a ISO 9001:2015 estabelece alguns requisitos, detalhados a seguir.

8.5.1 Controle de produção e fornecimento de serviço

Para minimizar a chance de não conformidades na produção de bens e serviços, a ISO 9001:2015 estabelece que a gestão da qualidade da organização deve contemplar os seguintes pontos:

a) informação documentada sobre as especificações técnicas que descrevam as características do produto, serviço ou atividades a serem executadas. E informação documentada sobre o resultado esperado. Por exemplo, faixas de tolerância aceitáveis e níveis de qualidade (ou PPM) aceitáveis;

b) disponibilidade e uso de equipamentos adequados para monitoramento e medição dos resultados do processo;

c) implementação de instruções de trabalho para a realização de atividades de monitoramento e medição em determinados estágios do processo de produção, para se verificar se o processo está em controle e gerando resultados adequados segundo os critérios de aceitação;

d) infraestrutura e ambiente de operação adequados;

e) definição de pessoas competentes, com qualificações necessárias para executar as operações de produção;

f) procedimentos de validação e revalidação periódicos do processo quando o resultado da produção não possa ser verificado por inspeção ou monitoramento posterior. Por exemplo, em operações de soldagem, a inspeção posterior, ainda que usando recursos sofisticados, é limitada e não consegue avaliar completamente o resultado de produção. Numa situação como essa, a organização deve ter implementado procedimentos de validação do processo;

g) implementação de atividades ou mecanismos para prevenir erros. Uma prática bastante difundida em gestão da qualidade são os "*Poka yokes*", ou, numa tradução não literal, "dispositivos à prova de falha". Pode ser um dispositivo usado numa linha de produção. Por exemplo, um dispositivo de fixação de uma peça na máquina que impede a montagem da peça de um jeito que não seja o correto. Ou pode ser um procedimento de operação: um *check-list* ou qualquer outra instrução que elimine a chance de erro do operador;

h) implementação de atividades para a liberação, entrega e pós-entrega.

Portanto, a organização deve planejar e implementar ações no chão de fábrica para que os procedimentos de produção atendam aos requisitos estabelecidos pela ISO 9001:2015 e ao mesmo tempo gerem resultados que atendem satisfatoriamente as expectativas dos clientes. Após a implementação e testes para validação desses procedimentos, a boa prática recomenda que esses procedimentos sejam consolidados em um "procedimento operacional padrão" (POP). A Figura 8.9 apresenta uma sugestão de estrutura de instrução de trabalho, que inclui orientações sobre vários detalhes relevantes para operação e manutenção do equipamento, para liberação do produto ou serviço e outras informações. Essa instrução pode fazer parte de um procedimento maior, que explicite todas as etapas e atividades do processo, suas respectivas instruções e registros gerados, como exemplificado na Figura 4.4, no Capítulo 4. Com a padronização, objetiva-se garantir que o procedimento de operação seja único e baseado em operações de produção padrão. Mas também se recomenda que a padronização seja consequência de um estudo sobre qual a melhor maneira ou procedimento para se produzir determinado produto de forma a minimizar a geração de resultados inaceitáveis e ao mesmo tempo contemplar os requisitos da norma, conforme descritos nos itens do parágrafo anterior.

O estudo do processo para a melhoria e padronização pode ser muito simples, requerendo apenas o bom senso. Em outras situações, pode necessitar de um estudo mais detalhado. Nesse caso, técnicas de controle estatístico da qualidade (COSTA; EPPRECHT; CARPINETTI, 2004) podem ser adotadas, como análise de capabilidade de processos, gráficos de controle, planejamento e análise de experimentos, dentre outras. Essas técnicas são normalmente adotadas na implementação de programas Seis Sigma (ROTONDARO, 2002) para a melhoria da qualidade na produção. Outros programas, como por exemplo Produção Enxuta, também podem ser usados para a melhoria das operações de produção. No entanto, programas de melhoria como o Seis Sigma ou Produção Enxuta requerem um esforço de implementação igual ou maior que o necessário para a implementação de um sistema da qualidade. Desse modo, especialmente para a pequena empresa, o caminho menos árduo seria primeiro implementar a padronização das atividades de produção, para em seguida pensar na possibilidade de implementar alguma técnica mais elaborada.

	Instrução de Trabalho Sistema de Gestão da Qualidade	Página:

Título:
Subordinado ao Procedimento:

Nº da IT:	Revisão:	Válido a partir de:

1 - OBJETIVO

"Apresentar o objetivo da instrução com informações sobre o resultado esperado."

2 - EQUIPAMENTOS E MATERIAIS USADOS

"Detalhar os equipamentos e materiais usados para a realização da atividade e para monitoramento e medição."

3 - OPERAÇÃO

"Detalhar informações e orientações relevantes para a execução da atividade incluindo:
- Ações para diminuir a chance de erro humano;
- Atividades relacionadas a liberação, entrega e pós-entrega."

4 - CRITÉRIO DE ACEITAÇÃO

"Detalhar procedimento de monitoramento e medição e critério de aceitação dos resultados da produção."

5 - QUALIFICAÇÃO PARA EXECUÇÃO DA ATIVIDADE

"Detalhar a qualificação requerida para a execução das atividades."

6 - SEGURANÇA

"Detalhar os recursos, treinamentos e orientações necessárias para assegurar a segurança das pessoas."

7 - MANUTENÇÃO

"Detalhar ações para a manutenção de rotina do equipamento e da área de trabalho e plano de manutenção preventiva ou preditiva do equipamento."

8 - DOCUMENTOS E REGISTROS

"Detalhar os documentos usados nessa atividade e registros que devem ser gerados."

	Função	Nome	Data
Elaborado por:			
Aprovado por:			

Figura 8.9 Estrutura básica de uma instrução de trabalho de produção.

8.5.2 Identificação e rastreabilidade

A rastreabilidade refere-se à identificação de procedência do produto assim como de materiais, peças e serviços agregados ao produto. A rastreabilidade é garantida pelo registro de lotes, datas de fabricação e origem de materiais, peças e serviços e outras informações relevantes sobre todo o processo de fabricação. A existência de registros de rastreabilidade permite recuperar o histórico do produto, o que pode auxiliar na identificação de causas de problemas ocorridos após a produção e principalmente durante o consumo do produto, assim como quais lotes de produtos comercializados podem apresentar o problema e, portanto, precisam ser retirados de mercado. *A ISO 9001:2015 estabelece que, quando a rastreabilidade é um requisito, a organização deve controlar a identificação e manter registros.* Os registros de rastreabilidade devem incluir também os resultados de medição e monitoramento aplicáveis no processo produtivo. A norma enfatiza que a organização deve reter registros que possibilitem rastrear os produtos.

8.5.3 Propriedade do cliente ou do fornecedor

A ISO 9001:2015 estabelece que a organização deve identificar, verificar e proteger bens de propriedade do cliente ou do fornecedor enquanto estiverem sob o controle da organização ou sendo usados por ela. Se qualquer propriedade do cliente for perdida, danificada ou considerada inadequada para o uso, isso deverá ser registrado, a informação documentada sobre o ocorrido deverá ser mantida na forma de registro e o cliente deverá ser informado. Portanto, é aconselhável que a organização tenha um procedimento padronizado para manuseio e armazenagem desses bens, incluindo a definição de local específico para a guarda dos bens.

8.5.4 Preservação

A norma estabelece que a organização deve preservar a conformidade do produto durante processo interno e entrega no destino pretendido. A preservação deve incluir identificação, manuseio, controle de contaminação, embalagem, armazenamento e proteção, e também deve ser aplicada às partes constituintes de um produto. Ainda que não exigido pela ISO 9001:2015, um procedimento documentado para a preservação de produtos pode ajudar a organização no cumprimento desse requisito. De qualquer forma, a ISO 9001:2015 exige que a organização registre e comunique ao cliente ou fornecedor a ocorrência de perda, dano ou qualquer outra ocorrência que inviabilize o uso do produto.

8.5.5 Atividades pós-entrega

De um modo geral, atividades pós-entrega ou pós-venda são aquelas atividades relacionadas ao suporte ao cliente durante o uso do produto. Dependendo do produto ou do setor industrial, podem incluir assistência técnica para manutenção ou reparo, suporte ao cliente para esclarecimento de dúvidas ou recebimento de queixas, treinamento para uso do produto, recolhimento do produto após uso. Por exemplo, na indústria automotiva e de linha branca, uma atividade pós-entrega é o serviço de assistência técnica para manutenção ou reparo do produto. Para a indústria de pneus, atividades de pós-entrega são o recolhimento e a destinação do produto no fim de sua vida. Assim, a ISO 9001:2015 considera como atividades do pós-entrega:

- serviços relacionados à garantia do produto ou serviço;
- serviços de manutenção ou outros serviços pós-entrega previstos em contrato, como reciclagem e disposição final do produto.

A ISO 9001:2015 estabelece que a organização deve atender aos requisitos dos clientes relacionados ao pós-entrega dos produtos ou serviços. Portanto, as atividades no pós-entrega devem ser previstas no processo de operação do produto e controladas pelo sistema da qualidade da organização de forma similar aos controles de produção.

Para a determinação das atividades de pós-entrega, a organização deve levar em conta:

a) requisitos legais;

b) possíveis consequências indesejáveis relacionadas ao produto. Por exemplo, a falta de treinamento sobre o uso do produto pode trazer consequências como dano ou quebra, que, ainda que por mau uso, gerarão insatisfação por parte dos clientes. Assim, a percepção de um potencial problema pode levar à implementação de uma atividade no pós-entrega;

c) natureza, uso e vida esperada para o produto. As atividades no pós-entrega dependem dos requisitos dos clientes. Mas, de um modo geral, como dito anteriormente, elas dependem do tipo de produto, do uso, do ciclo de vida do produto;

d) requisitos dos clientes;

e) informações dos clientes sobre necessidades de atividades no pós-entrega. Ou seja, em informações levantadas junto ao cliente pode-se perceber a necessidade de uma determinada atividade pós-entrega.

Deve-se observar que, uma vez definidas, essas atividades no pós-entrega devem fazer parte do sistema da qualidade e, portanto, também se aplicam a elas os requisitos definidos na cláusula 8.5.1.

8.5.6 Controle de mudanças

Mudanças nas operações de produção e provisão de serviços são muitas vezes necessárias para assegurar o atendimento dos requisitos dos clientes. Tendo em vista essa constatação, a ISO 9001:2015 estabelece que *a organização deve controlar essas alterações, mantendo registros sobre as alterações implementadas, quem autorizou a mudança e qualquer outra ação necessária decorrente da mudança.*

8.6 Liberação de produtos e serviços

A ISO 9001:2015 estabelece que a organização deve estabelecer um procedimento apropriado para liberação do produto e serviço ao cliente, para a verificação final de que os requisitos dos clientes para o produto e o serviço foram atendidos. A norma não entra em detalhes sobre esse procedimento, a não ser que deve ser definido caso a caso. No entanto, a norma enfatiza que a organização não deve liberar seus produtos e serviços para entrega ao cliente sem passar por esse procedimento de liberação, a não ser que haja autorização expressa por pessoa com autoridade ou pelo cliente.

A *norma estabelece ainda que a organização deve manter registros sobre a liberação dos produtos e serviços.* Esses registros devem incluir:

a) evidência da conformidade dos produtos e serviços com os critérios de aceitação definidos;

b) identificação da pessoa responsável pela liberação.

8.7 Controle de resultados não conformes

A organização deve assegurar que os resultados da operação que não estejam em conformidade com os requisitos especificados pelos clientes sejam identificados e segregados para evitar uso não intencional ou entrega do produto. A ISO 9001:2015 recomenda que a organização tome medidas apropriadas, dependendo do tipo da não conformidade e de seus efeitos sobre a conformidade do produto e do serviço. Ações apropriadas também devem ser tomadas quando se detectar a não conformidade após a entrega do produto ou, no caso de serviços, durante ou após a realização do serviço. O procedimento para tratar de não conformidades deve incluir um ou mais dos seguintes pontos:

a) tomada de ações corretivas, para eliminar a não conformidade detectada;

b) segregação, contenção, recolhimento ou interrupção do fornecimento de produtos e serviços;

c) comunicação ao cliente sobre as não conformidades;

d) obtenção de autorização para aceitação sob concessão.

A ISO 9001:2015 requer que produtos não conformes que passem por retrabalho sejam reinspecionados para se garantir conformidade com as especificações do produto. *A norma estabelece ainda que sejam mantidos registros sobre as não conformidades. Esses registros devem incluir:*

- *a natureza ou tipo de não conformidade;*
- *as ações tomadas para evitar o uso não intencional;*
- *a identidade da pessoa com autoridade para decidir sobre a ação para tratar da não conformidade;*
- *a concessão obtida junto ao cliente.*

Para isso, um formulário de registro de não conformidades, como ilustrado na Figura 8.10, pode ser usado.

RELATÓRIO DE NÃO CONFORMIDADE			
Título:		Emitido:	
Elaborado por:		Número:	
Aprovado por:		Revisão:	
Data:		Solicitante:	
Não conformidade de produto?		☐	
Não conformidade de processo?		☐	
Descrição da não conformidade:			
Análise da causa da não conformidade:			
Responsável – Área causa:			
Ação imediata:			
Necessita ação corretiva?		☐	
Necessita ação preventiva?		☐	
Observações:			

Figura 8.10 Modelo de relatório de não conformidades.

Avaliação de Desempenho

9

A cláusula 9 da ISO 9001:2015 apresenta os requisitos relacionados à avaliação de desempenho dos resultados das operações de produção e também requisitos relacionados à avaliação de desempenho do sistema da qualidade em si. Cada um dos requisitos é comentado a seguir.

> Principais mudanças em relação à ISO 9001:2008:
> - os requisitos de avaliação de desempenho da cláusula 8 da edição de 2008 passam a integrar a cláusula 9 da ISO 9001:2015;
> - o requisito de controle de não conformidade, anteriormente na cláusula de Medição, Análise e Melhoria, da edição de 2008, passa a integrar a cláusula 8, Operação, da edição de 2015;
> - diferentemente da edição de 2008, a ISO 9001:2015 não exige que o procedimento de auditoria seja documentado. Exige-se apenas registro da realização e de resultados da auditoria.
>
> Informação documentada obrigatória:
> - registros sobre:
>   - resultados da avaliação de desempenho;
>   - realização e resultados de auditoria;
>   - resultados de reuniões de análise crítica.

9.1 Monitoramento, medição, análise e avaliação

9.1.1 Visão geral

A avalição de desempenho é normalmente feita considerando duas dimensões: eficácia e eficiência. Avaliar a eficácia significa avaliar em que medida o resultado planejado foi atingido. Avaliar a eficiência significa avaliar o quanto de recursos materiais e humanos foi utilizado para a geração do resultado. A eficácia relaciona-se com o atendimento dos requisitos dos clientes e outras partes interessadas. A eficiência relaciona-se à produtividade dos recursos. Na cláusula 9, a ISO 9001:2015 estabelece que a organização deve avaliar o desempenho e a eficácia do sistema de gestão da qualidade. Ou seja, a norma pede que a organização avalie em que medida o sistema de gestão da qualidade está conseguindo atender aos requisitos dos clientes e outras partes interessadas. A ISO 9001:2015 pede também que a organização mantenha registros dos resultados das avaliações efetuadas. Para isso, a norma estabelece que a organização deve determinar:

a) o que precisa ser monitorado e medido;

b) os métodos para monitoramento, medição, análise e avaliação necessários para assegurar resultados válidos;

c) quando devem ser realizados monitoramento e medição;

d) quando os resultados de avaliação e monitoramento devem ser analisados e avaliados.

Sobre o primeiro ponto, o que precisa ser medido, cabem alguns comentários. Certamente é preciso avaliar a satisfação do cliente, já que esse é o indicador de resultado mais importante para a avaliação da eficácia do sistema da qualidade. No entanto, a eficácia do sistema da qualidade depende de fatores que gerem satisfação, que, no que se refere à operação de produção (incluindo o fornecimento de produtos e serviços), podem ser critérios de desempenho como conformidade com especificações, prazo e pontualidade de entrega, flexibilidade, entre outros. Por exemplo, para um fabricante de autopeças, a conformidade do produto com as especificações do cliente são essenciais. A não conformidade do produto decorrente de um processo de produção em particular pode levar a índice de refugo alto, que por sua vez pode ser controlado mediante a melhoria do índice de capabilidade do processo. Essas relações de causa e efeito são ilustradas na Figura 9.1

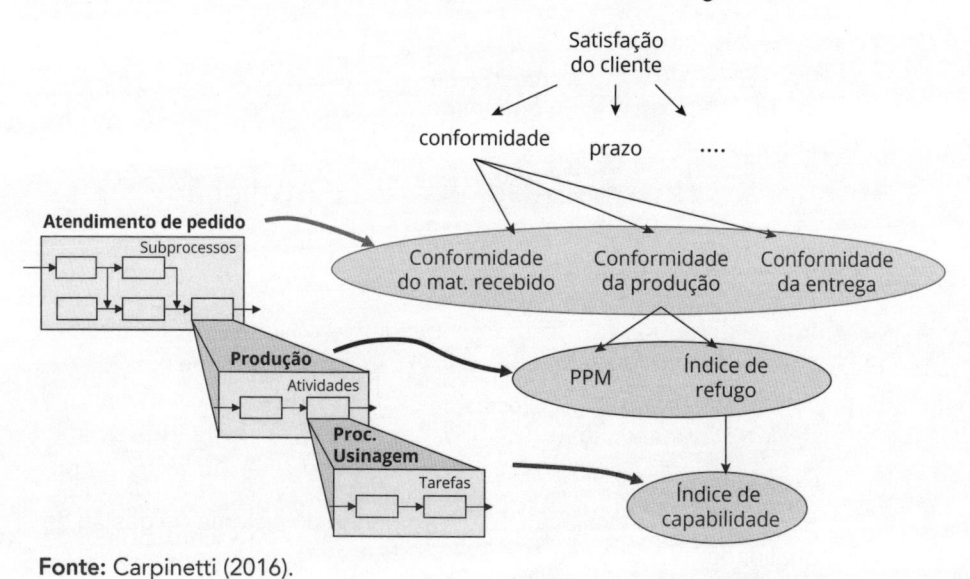

Fonte: Carpinetti (2016).

Figura 9.1 Relação de causa e efeito entre indicadores de desempenho.

A análise das relações de causa e efeito de fatores que afetam a eficácia do sistema da qualidade permite que se identifiquem indicadores de desempenho relacionados a esses fatores. E aqui cabe a segunda observação. Os fatores ou componentes do sistema da qualidade, correspondentes às cláusulas ou processos de gestão, como ilustrado na Figura 2.7 do Capítulo 2, afetam a eficácia do sistema da qualidade e, portanto precisam ser avaliados. Ou seja, a avaliação do sistema da qualidade deve incluir a avaliação, por exemplo, das atividades de planejamento, suporte etc. Portanto, com base no modelo de medição de desempenho do *Balanced Scorecard* (ver Figura 6.2), pode-se propor um modelo de avaliação de desempenho do sistema da qualidade considerando as perspectivas de liderança, suporte, planejamento e operação, como ilustrado na Figura 9.2. Os itens listados na cláusula 9.1.3, a seguir, fazem referência a elementos dessas perspectivas de avaliação.

Figura 9.2 Perspectivas de avaliação de desempenho do sistema de gestão da qualidade.

A avaliação desses aspectos do sistema da qualidade pode ser feita por meio de indicadores. Por exemplo, não conformidade ou atraso na perspectiva de operação. Ou horas de treinamento na perspectiva de suporte. O uso de indicadores de desempenho é uma boa prática de gestão de desempenho que pode e deve ser usada sempre que possível. A organização deve desdobrar requisitos de clientes, política e objetivos da qualidade de forma a identificar indicadores que possam ser usados para monitorar o desempenho nos fatores críticos de sucesso, como discutido no Capítulo 6. No entanto, como já dito no mesmo capítulo, ao mesmo tempo em que o uso de indicadores é uma boa prática, deve-se tomar o cuidado para se iniciar com um número bastante reduzido de indicadores, apenas para aqueles fatores mais críticos. Outro ponto a observar é que, na maioria das vezes, é difícil identificar um indicador que consiga sintetizar o desempenho de uma determinada atividade e nesses casos é melhor que a avaliação seja qualitativa, a partir da análise das atividades. É com esse propósito que a norma estabelece os requisitos de avaliação da satisfação do cliente e de auditoria interna, apresentados a seguir.

A ISO 9001:2015 determina que sejam mantidos registros que evidenciem os resultados da avaliação de desempenho realizada pela organização.

9.1.2 Satisfação do cliente

Como dito no tópico anterior, a satisfação do cliente é o principal indicador de resultado da eficácia do sistema da qualidade. E, obviamente, tem também por propósito aferir se a organização está sendo bem-sucedida em sua missão básica de prover produtos e serviços que atendam satisfatoriamente seus clientes. Nesse sentido, a ISO 9001:2015 estabelece que a organização deve monitorar a percepção dos clientes sobre a medida em que as suas necessidades e expectativas foram atendidas. A norma diz também que a organização deve estabelecer os métodos para obter e analisar essa informação.

O monitoramento da satisfação do cliente pode ser feito por meio de pesquisa de opinião junto aos clientes, dados dos clientes sobre qualidade do produto, solicitações de serviços de garantia, entrevistas com grupos focais, *feedback* de representantes comerciais ou mesmo análise de oportunidades de negócios perdidas.

Sempre que possível, a pesquisa de opinião deve ser feita em toda a base de clientes. Como nem sempre isso é possível, pode-se estratificar e amostrar o universo de clientes atendidos. A taxa de retorno de questionários de satisfação costuma ser inversamente proporcional à dificuldade de se responder ao questionário. Assim, como regra geral, os questionários devem ser de fácil entendimento, com pequeno número de questões, visando seu preenchimento em tempo reduzido. As experiências relatam que os questionários desse tipo devem ser preenchidos em um tempo de cerca de 15 minutos. Ainda outro aspecto importante, a satisfação do cliente, depende de atributos intrínsecos ao produto e também de atributos relacionados ao processo de atendimento de pedidos, tais como prazo, pontualidade, flexibilidade, confiabilidade, facilidade de comunicação e custo. Assim, a satisfação do cliente deve ser avaliada tendo em vista fatores intrínsecos e extrínsecos ao produto. As questões devem focar nos requisitos dos produtos/serviços e a resposta deve indicar o grau de atendimento a esses requisitos. Podem-se também solicitar sugestões para a melhoria do atendimento ao cliente. A Figura 9.3 ilustra um exemplo de questionário.

Finalmente, a taxa de retorno desses questionários também depende da confiança do cliente em que o retorno do questionário resultará em melhorias da qualidade do produto/serviço. Portanto, o tratamento das respostas recebidas e a análise crítica de possíveis problemas de atendimento de clientes são de fundamental importância para a melhoria da imagem da empresa, para a manutenção do mercado e para a consolidação da prática de avaliação da satisfação do cliente.

	AVALIAÇÃO DE SATISFAÇÃO DO CLIENTE			
	Título:	Avaliação de satisfação do cliente	Emitido:	
	Elaborado por:		Número:	
	Aprovado por:		Revisão:	

Caro cliente: Com o objetivo de melhorar a qualidade dos nossos serviços e atender os requisitos da ISO 9001:2000, solicitamos que os itens abaixo sejam avaliados notas de 1 (ruim) a 5 (excelente), para podermos avaliar nossos processos e melhorar a sua satisfação.

Empresa:						
Nome:			Departamento:			
Assinatura:			Data:			

	5	4	3	2	1
1 - Qualidade do produto					
2 - Pontualidade do serviço prestado					
3 - Confiabilidade					
4 - Preço ofertado					
5 - Prazo					
6 - Fase de projeto					
7 - Fase de fabricação					
8 - Faturamento e entrega do pedido					

Comentários

Figura 9.3 Exemplo de questionário de satisfação do cliente.

9.1.3 Análise e avaliação

A ISO 9001:2015 estabelece que a organização deve analisar e avaliar dados e informações decorrentes de medição e monitoramento. A norma estabelece que os resultados da análise devem ser usados para avaliar os seguintes aspectos:

a) conformidade de produtos e serviços;

b) o grau de satisfação dos clientes;

c) o desempenho e a eficácia do sistema de gestão da qualidade;

d) se o planejamento foi implementado eficazmente;

e) a eficácia das ações tomadas para tratar riscos e oportunidades;

f) o desempenho dos fornecedores;

g) as necessidades de melhoria do sistema de gestão da qualidade.

Como já comentado na seção 9.1.1, as perspectivas de avaliação de desempenho sugeridas na Figura 9.2 fazem referência a esses aspectos de desempenho. Portanto, a definição por parte da organização de um modelo de avaliação de desempenho baseado na Figura 9.2 atende ao requisito expresso na cláusula 9.1.3.

9.2 Auditoria interna

Uma auditoria da qualidade é uma avaliação planejada, programada e documentada, a fim de verificar a eficácia do sistema da qualidade por meio da constatação de evidências objetivas e identificação de não conformidades. A auditoria interna é feita como forma de autoavaliação da gestão da qualidade pela organização. De um modo geral, as auditorias internas visam avaliar a manutenção do sistema da qualidade, ou seja, se não há degradação no atendimento aos requisitos normativos, agindo também como forma de prevenção para as auditorias externas de terceira parte.

A ISO 9001:2015 esclarece que a auditoria do sistema da qualidade tem por objetivo avaliar se o sistema de gestão da qualidade:

a) atende aos requisitos da ISO 9001:2015 e aos requisitos do sistema da qualidade estabelecido pela organização; e

b) está sendo praticado e mantido de maneira adequada.

Auditorias internas devem ser planejadas em intervalos regulares. As áreas e os processos avaliados em cada auditoria devem ser definidos levando-se em consideração a situação e a importância desses processos e áreas, bem como os resultados de auditorias anteriores. Por exemplo, os processos-chave da organização podem ter maior frequência de realização de auditorias. De modo similar, processos onde foram encontradas não conformidades também podem ser reavaliados em menor espaço de tempo.

A ISO 9001:2015 estabelece que a organização deve:

a) planejar, implementar e manter um programa de auditoria, incluindo frequência, métodos, responsabilidades, requisitos de planejamento e relatório de auditorias que devem levar em conta a importância dos processos avaliados, mudanças que afetem a organização e os resultados de auditorias anteriores;

b) definir os critérios e a abrangência da auditoria;

c) selecionar auditores e conduzir as auditorias de forma a assegurar a sua objetividade e imparcialidade;

d) assegurar que os resultados da auditoria sejam relatados às pessoas relevantes para a gestão e melhoria do sistema;

e) tomar ações corretivas apropriadas sem atraso indevido;

f) *manter registros com detalhes da execução da auditoria assim como de seus resultados.*

A ISO 19011 – Diretrizes para auditoria de sistemas de gestão – apresenta orientações para o planejamento e a realização de auditorias. De um modo geral, algumas recomendações são apresentadas a seguir:

- Frequência: uma boa recomendação é que as auditorias internas sejam feitas intercaladas às auditorias externas e com frequência mínima de duas vezes por ano. É importante destacar que os membros das equipes de auditoria interna não devem pertencer às áreas auditadas. A agenda da auditoria interna deve detalhar áreas/processos a serem avaliados e auditores envolvidos. Os critérios para a definição do escopo da auditoria podem envolver áreas que:
  - não foram auditadas em auditorias anteriores;
  - apresentaram problemas e não conformidades nas auditorias anteriores;

- apresentem problemas detectados pelos clientes;
- demonstrem desempenho abaixo do esperado ou foram identificadas como problemáticas nas reuniões de análise crítica.

- Execução das auditorias: devem começar pela análise dos documentos usados para a gestão da qualidade das áreas para as quais a auditoria interna foi agendada. Em seguida, as pessoas envolvidas com a execução das atividades devem ser questionadas com o objetivo de identificar se os procedimentos atendem aos requisitos da ISO 9001:2015, se estão adequadamente implantados e se registros estão sendo gerados. A equipe de auditoria deve gerar um registro da auditoria realizada. A Figura 9.4 apresenta um modelo de registro de auditora interna.

- Critérios para seleção e capacitação de auditores: os auditores internos devem ser treinados nos procedimentos de auditoria e também devem ter conhecimento sobre os requisitos da ISO 9001:2015. A seleção dos auditores deve assegurar objetividade e imparcialidade ao processo de auditoria, o que implica em não se aceitar que auditores façam auditorias sobre seu próprio trabalho, como destacado anteriormente.

As atividades de acompanhamento devem incluir a verificação das ações tomadas e o relato dos resultados de verificação, a fim de verificar se os ajustes para superar as não conformidades foram feitos. Como pode ser visto na Figura 9.4, geralmente o registro considera as áreas, processos e atividades a serem auditados, além de um *checklist* para verificação do cumprimento dos requisitos.

Avaliação de Desempenho **141**

		REGISTRO DE AUDITORIA INTERNA							
		Título:	Registro de Auditoria Interna			Emitido:			
		Elaborado por:				Número:			
		Aprovado por:				Revisão:			

Auditor interno: _____   Data: ____/____/____

Processos/ Atividades	Requisitos da Norma	SGQ contempla requisito da ISO9001?		Implementação adequada? (está sendo feito o que foi proposto?)		Controle de registros adequado?		Recursos adequados às necessidades? (sim ou não)		Demonstra melhoria contínua?		Não conformidade detectada?		Comentários (não conformidades detectadas ou observações pertinentes).
		Sim	Não	Sim	Não	Gera registros?		Infraestrutura	Ambiente de trabalho	Qualificação de pessoal		Sim	Não	
						Sim	Não				Sim	Não		
Comprar matéria-prima/insumos e gerenciar compras/suprimentos (Requisito 8.4 da ISO 9001:2015)														
Cadastrar Fornecedores	8.4													
Planejar Compras	8.4													
Selecionar Fornecedores	8.4													
Comprar	8.4													
Verificar Produto Adquirido	8.4													
Avaliar Fornecedor	8.4													

Nome do Auditado: _____

Assinatura do Auditor: _____   Assinatura do Auditado: _____

Figura 9.4 Modelo de registro de auditoria interna.

9.3 Análise crítica

9.3.1 Visão geral

Como mencionado na seção 5.1.1, a alta gerência da organização deve tomar para si a responsabilidade pela eficácia do sistema da qualidade. Essa responsabilidade implica também na responsabilidade pela análise crítica do sistema de gestão da qualidade. Esse é um requisito que faz referência a uma atividade de gestão extremamente relevante para a manutenção e a melhoria contínua do sistema da qualidade. A ISO 9001:2015 diz que a alta direção deve analisar criticamente o sistema da qualidade da organização, em reuniões a intervalos planejados, para assegurar sua adequação, eficácia e oportunidades de melhoria e mudança.

A análise crítica faz parte de um ciclo PDCA de melhoria contínua do sistema da qualidade, como ilustrado na Figura 9.5. Após o planejamento e a implementação do sistema da qualidade, a alta direção, juntamente com os elementos organizacionais responsáveis pelo sistema da qualidade, deve periodicamente analisar de forma crítica as informações e dados resultantes da avaliação do sistema da qualidade, como definido no requisito 9.1.3, de análise e avaliação. O propósito da análise crítica é propor melhorias ou mudanças no sistema de gestão da qualidade, que devem ser planejadas, implementadas, avaliadas e analisadas criticamente em reuniões futuras. Na reunião de análise crítica são analisadas várias informações de entrada, como detalhado a seguir.

Análise crítica do SGQ (entradas)
- Situação de ações decididas em reuniões anteriores
- Mudanças internas ou externas
- Desempenho e eficácia do SGQ
- Recursos disponíveis
- Análise das ações para tratar riscos e oportunidades
- Oportunidades e melhorias

Análise crítica do SGQ (saídas)
- Oportunidades de melhoria
- Melhoria do sistema da qualidade
- Necessidades de recursos

(Re) Planejamento do SGQ
- Análise de contexto
- Necessidades e expectativas
- Política e objetivos da qualidade
- Riscos e oportunidades
- Ações de melhoria e mudança
- Atividades de suporte e liderança
- Atividades de operação e avaliação

Avaliação de desempenho do SGQ
- Satisfação do cliente
- Auditoria interna
- Não conformidades
- Eficácia do SGQ
- Avaliação do planejamento
- Avaliação de fornecedores

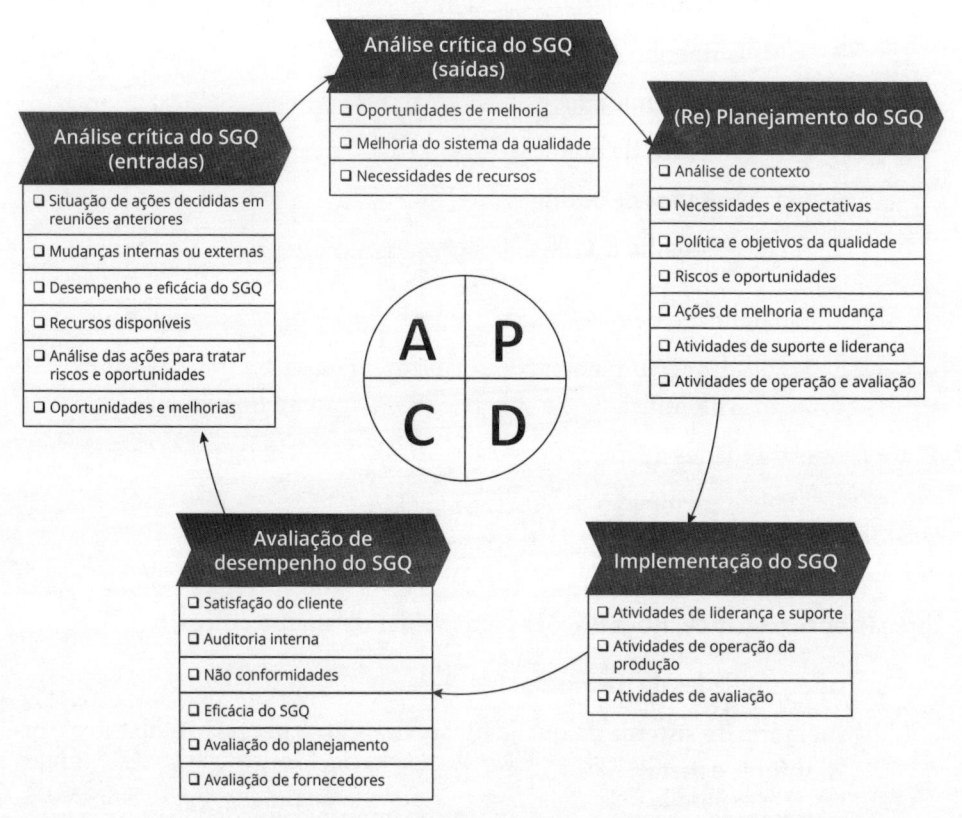

Implementação do SGQ
- Atividades de liderança e suporte
- Atividades de operação da produção
- Atividades de avaliação

Figura 9.5 Análise crítica do sistema da qualidade: processo PDCA.

9.3.2 Entradas para a análise crítica

A ISO 9001:2015 estabelece que a organização deve planejar e realizar as reuniões de análise crítica considerando e avaliando os seguintes pontos:

a) a situação de encaminhamento das ações decididas em reuniões de análise crítica anteriores;

b) mudanças ocorridas, relacionadas a questões internas ou externas, que sejam relevantes ao sistema de gestão da qualidade;

c) informações sobre desempenho e eficácia do sistema de gestão da qualidade relacionadas:

1. à satisfação dos clientes e de outras partes interessadas;
2. a quantos dos objetivos da qualidade foram atingidos;
3. ao desempenho dos processos e conformidade de produtos e serviços;
4. às não conformidades e ações corretivas implementadas;
5. aos resultados de medição e monitoramento;
6. aos resultados de auditorias;
7. ao desempenho dos fornecedores;

d) adequabilidade de recursos disponíveis para a gestão da qualidade;

e) a eficácia das ações planejadas e implementadas para tratar riscos e oportunidades identificadas na etapa de planejamento do sistema;

f) oportunidades de melhoria do sistema de gestão da qualidade.

9.3.3 Saídas da análise crítica

Como resultado das reuniões de análise crítica do sistema de gestão, a alta direção deve tomar decisões e ações para (saídas da análise crítica):

a) oportunidades de melhoria;

b) melhoria do sistema da qualidade, revisando se necessário objetivos, indicadores e metas;

c) provisão de recursos para o encaminhamento das ações.

Os resultados dessas reuniões de análise crítica devem ser documentados em atas, mantidas como registros, para evidenciar o atendimento desse requisito pela organização.

Melhoria 10

A cláusula 10 da ISO 9001:2015 apresenta os requisitos relacionados à melhoria de desempenho do sistema da qualidade em si. Cada um dos requisitos é comentado a seguir.

> Principais mudanças em relação à ISO 9001:2008:
> - os requisitos de melhoria da cláusula 8 da edição de 2008 passam a integrar a cláusula 10 da ISO 9001:2015;
> - diferentemente da edição de 2008, a ISO 9001:2015 não exige que o procedimento de melhoria seja documentado. Exigem-se apenas registro da realização e resultados de ações de melhoria.
>
> Informação documentada obrigatória:
> - registros sobre:
>   - não conformidades e ações corretivas.

10.1 Visão geral

A avaliação de desempenho e análise crítica da cláusula anterior leva a organização à identificação de necessidades ou oportunidades de melhorias, complementando o ciclo de melhoria ilustrado na Figura 9.5, no capítulo anterior. É importante observar que a ISO 9001, desde a edição de 2000, inclui como requisitos do sistema da qualidade a avaliação e a melhoria do próprio sistema. Essas exigências, com o passar do tempo, tornam o sistema de gestão da organização mais maduro, robusto e eficaz.

A norma salienta que uma ação de melhoria pode ser de vários tipos; pode ser a implementação de uma ação corretiva decorrente de uma não conformidade detectada; ou uma inovação ou mudança radical nos processos de operação e gestão, implicando num replanejamento do sistema de gestão. De qualquer modo, a ISO 9001:2015 estabelece que a organização deve continuamente avaliar e melhorar a eficácia do sistema de gestão da qualidade, com o objetivo último de melhorar o atendimento das necessidades e expectativas de clientes e partes interessadas. Portanto, na última cláusula do sistema da qualidade, a ISO 9001:2015 estabelece que a organização deve determinar e selecionar oportunidades de melhoria e implementar as ações necessárias para a melhoria no atendimento dos requisitos dos clientes e consequentemente melhoria da satisfação dos clientes. Portanto essas ações de melhoria devem incluir:

a) melhoria de produtos e serviços de modo a atender aos requisitos dos clientes assim como para atender a demandas e expectativas futuras;

b) correção, prevenção ou redução de problemas ou não conformidades;

c) melhoria do desempenho e da eficácia do sistema de gestão da qualidade.

Portanto, esse requisito implica em melhorar continuamente o sistema de gestão da qualidade para com isso melhorar, de forma também contínua, a eficácia dos resultados e a eficiência da organização.

10.2 Não conformidade e ação corretiva

Ações corretivas são ações de melhoria que têm por objetivo principal eliminar ou minimizar as causas que geram não conformidades, de modo a evitar a recorrência do problema. As não conformidades podem ser de produto ou de processo, incluindo processos produtivos e administrativos. Uma não conformidade de processo refere-se às operações executadas em desacordo com o previsto para aquela atividade, seja ela uma atividade produtiva ou administrativa. A cláusula 8.7, de controle de resultados não conformes, estabelece basicamente que a organização deve segregar o resultado não conforme, comunicar ao cliente e tomar ações corretivas. Na análise crítica, cláusula 9.3, a organização pode analisar não conformidades e ações corretivas. Portanto, esta cláusula complementa as cláusulas anteriores. Nesse sentido, a ISO 9001:2015 estabelece que na ocorrência de não conformidades, inclusive não conformidades externas, comunicadas pelos clientes, a organização deve:

a) reagir às não conformidades de forma a, quando aplicável:

1. agir para controlar e corrigir,

2. lidar com as consequências da não conformidade;

b) avaliar a necessidade de ação corretiva para a eliminação da causa da não conformidade. Para isso, a organização deve:

1. revisar e analisar a não conformidade,

2. determinar a causa ou causas da não conformidade,

3. determinar se não conformidades similares existem ou podem ocorrer;

c) implementar ações corretivas necessárias;

d) revisar a eficácia da ação corretiva implementada;

e) se necessário, rever e atualizar o sistema da qualidade planejado (cláusula 4.4), assim como a lista de riscos e oportunidades definidas na fase de planejamento (cláusula 6.1).

A ISO 9001:2015 estabelece que *a organização deve manter registros que evidenciem as não conformidades ocorridas, as ações e resultados de ações corretivas*. Uma sugestão de registro de ações corretivas é apresentada na Figura 10.1.

			Nº	
	Título:		Emitido:	
	Elaborado por:		Número:	
	Aprovado por:		Revisão:	

Não conformidade encontrada:	Verificação da Causa:

Ação proposta e plano de ação (use o verso ou folha anexa se necessário):

Prazo:	Responsável:

Verificação da implementação/Eficácia da ação	
Evidências:	

Ação foi eficaz?			Fechamento	
☐ Não	☐ Sim		Data do fechamento:	
Nova SACP?				
☐ Não	☐ Sim		Responsável:	

Figura 10.1 Modelo de registro de solicitação de ação corretiva.

10.3 Melhoria contínua

Nesta cláusula, a ISO 9001:2015 apenas reforça que a organização deve melhorar continuamente a adequabilidade e a eficácia do sistema de gestão da qualidade. Para isso, a organização deve considerar os resultados da avaliação e da análise crítica, da cláusula 9, para determinar se há necessidade ou oportunidade de melhoria do sistema de gestão da qualidade que, portanto, requeira proposição, planejamento e implementação de uma ação de melhoria. A Figura 9.5 ilustra bem esse processo de melhoria contínua do sistema de gestão da qualidade definido nas cláusulas 9 e 10 da norma.

Integração da ISO 9001:2015 com a ISO 14001:2015

11.1 Antecedentes históricos e contexto mundial da gestão ambiental[1]

A preocupação com a deterioração do meio ambiente provocada pela ação humana levou ao surgimento de iniciativas organizadas mundialmente a partir dos anos 1960. Em 1968, a UNESCO (Organização das Nações Unidas para Educação, Ciência e Cultura) organizou em Paris uma conferência pioneira para discutir a conservação do meio ambiente e uso natural dos recursos. Em seguida, a ONU decide pela organização da primeira conferência mundial sobre o meio ambiente, realizada em Estocolmo, em 1972. Outro marco importante foi a criação pela ONU, nos anos 1980, da Comissão Mundial do Meio Ambiente e Desenvolvimento (CMMA). Em 1987, chefiada pela primeira-ministra norueguesa Gro Harlem Brundtland, a comissão publicou um documento intitulado *Nosso futuro comum*[2] (conhecido também como "Relatório Brundtland"). Esse documento manifesta a preocupação com a impossibilidade de se atender às necessidades das gerações futuras em decorrência da degradação do meio ambiente causada pela intervenção humana. A expressão *desenvolvimento sustentável* é usada pela primeira vez e conceituada como "o desenvolvimento que atende às necessidades presentes sem comprometer a habilidade de gerações futuras atenderem às suas necessidades". Para garantir o desenvolvimento sustentável, o documento explicita uma série de desafios a serem encarados por governos e sociedade. Um dos desafios propostos no documento é o que trata da produção industrial. Para um desenvolvimento industrial sustentável, o documento sugere as seguintes estratégias:

- estabelecer objetivos ambientais, regulação, incentivos e normas;
- usar instrumentos econômicos (incentivos e desincentivos financeiros) de forma mais eficaz;
- ampliar avaliação ambiental;

---

[1] Agradecimentos ao Prof. Dr. Aldo R. Ometto pela gentil revisão das seções 11.1 e 11.2 deste capítulo.

[2] Disponível em: <http://www.un-documents.net/wced-ocf.htm>.

- encorajar ações por parte da indústria;
- aumentar a capacidade para lidar com riscos industriais;
- fortalecer os esforços internacionais para ajudar os países em desenvolvimento.

Em seguida, em 1991, durante a realização da Segunda Conferência Global da Indústria para a Gestão Ambiental (WICEM II), foi assinada a "Carta de Roterdã", documento contendo 16 princípios de gestão industrial, conforme reproduzido na Tabela 11.1.

Tabela 11.1 Princípios de gestão ambiental da Carta de Roterdã (WICEM II).[3]

Princípio	Descrição
1. Prioridade na empresa	Reconhecer a gestão do meio ambiente como uma das principais prioridades na empresa e como fator dominante do desenvolvimento sustentável; estabelecer política, programas e procedimentos para conduzir as atividades de modo seguro.
2. Gestão integrada	Integrar plenamente em cada empresa essas políticas, seus programas e procedimentos, como elemento essencial de gestão em todos os seus domínios.
3. Processo de aperfeiçoamento	Aperfeiçoar continuamente as políticas, os programas e o desempenho ambiental das empresas, levando em conta os desenvolvimentos técnicos, o conhecimento científico, os requisitos dos consumidores e as expectativas da comunidade, tendo como ponto de partida a regulamentação em vigor; e aplicar os mesmos critérios ambientais no plano internacional.
4. Formação do pessoal	Formar, treinar e motivar o pessoal para desempenhar suas atividades de maneira responsável em face do ambiente.
5. Avaliação prévia	Avaliar os impactos ambientais antes de iniciar uma nova atividade ou projeto e antes de desativar uma instalação ou abandonar um local.
6. Produtos e serviços	Desenvolver e fornecer produtos ou serviços que não produzam impacto indevido sobre o ambiente e sejam seguros em sua utilização prevista, que apresentem melhor rendimento em termos de consumo de energia e de recursos naturais, que possam ser reciclados, reutilizados ou cuja disposição final não seja perigosa.

Continua

---

[3] Relatório publicado pela *International Chamber of Commerce*.

Princípio	Descrição
7. Conselhos aos consumidores	Aconselhar e, em casos relevantes, propiciar a necessária informação aos consumidores, aos distribuidores e ao público, quanto aos aspectos de segurança a considerar na utilização, no transporte, na armazenagem e na disposição dos produtos fornecidos; e aplicar considerações análogas à prestação de serviços.
8. Instalações e atividades	Desenvolver, projetar e operar instalações tendo em conta a eficiência no consumo da energia e dos materiais, a utilização sustentável dos recursos renováveis, a minimização dos impactos ambientais adversos e da produção de resíduos e tratamento ou a disposição final destes resíduos de forma segura e responsável.
9. Pesquisas	Realizar ou patrocinar pesquisas sobre impactos ambientais das matérias-primas, dos produtos, dos processos, das emissões e dos resíduos associados às atividades da empresa e sobre os meios de minimizar tais impactos adversos.
10. Medidas preventivas	Adequar a fabricação, a comercialização e a utilização de produtos ou de serviços ou a condução de atividades, em harmonia com os conhecimentos científicos e técnicos, para evitar a degradação grave ou irreversível do meio ambiente.
11. Empreiteiros e fornecedores	Promover a adoção destes princípios pelos empreiteiros contratados pela empresa, encorajando e, em casos apropriados, exigindo a melhoria de seus procedimentos de modo compatível com aqueles em vigor na empresa; e encorajar a mais ampla adoção destes princípios pelos fornecedores.
12. Planos de emergência	Desenvolver e manter, nos casos em que exista risco significativo, planos de ação para situações de emergência, em coordenação com os serviços especializados, as principais autoridades e a comunidade local, tendo em conta os possíveis impactos transfronteiriços.
13. Transferência de tecnologia	Contribuir para a transferência de tecnologia e métodos de gestão que respeitem o ambiente, tanto nos setores industriais como nos de administração pública.
14. Contribuição para o esforço comum	Contribuir para o desenvolvimento de políticas públicas, de programas empresariais, governamentais e intergovernamentais, e de iniciativas educacionais que valorizem a consciência e a proteção ambiental.
15. Abertura ao diálogo	Promover a abertura ao diálogo com o pessoal da empresa e com o público, em antecipação e em resposta às respectivas preocupações quanto ao risco e aos impactos potenciais das atividades, dos produtos, resíduos e serviços incluindo os de significado transfronteiriço ou global.

Continua

Princípio	Descrição
16. Cumprimento de regulamentos	Aferir o desempenho das ações sobre o ambiente, proceder regularmente a auditorias ambientais e avaliar o cumprimento das exigências internas da empresa, dos requisitos legais e destes princípios; e periodicamente fornecer as informações pertinentes ao Conselho de Administração, aos acionistas, ao pessoal, às autoridades e ao público.

A evolução da conscientização dos governos e outros atores sociais sobre a necessidade de regulação da atividade industrial levou ao desenvolvimento de normas sobre gestão ambiental. Em 1992, o Instituto de Normas Britânicas (BSI, da sigla em inglês) lançou a primeira norma sobre sistema de gestão ambiental, a BS 7750. Em 1993, a ISO cria o Comitê Técnico de gestão ambiental (TC 207). Finalmente, em 1996, a ISO edita a primeira versão da ISO 14001.

Atualmente, os esforços mais visíveis da comunidade internacional são para frear a elevação da temperatura do planeta em decorrência da emissão na atmosfera de gases de efeito estufa. Em 2015, a Conferência das Nações Unidas sobre Mudanças Climáticas (conhecida como COP 21, do inglês *Conference of Parties*), realizada em Paris, estabeleceu um acordo formal entre as 195 nações participantes do encontro para limitar o aumento da temperatura do planeta.

Também temos consciência de que além da elevação da temperatura do planeta, a atividade humana descontrolada na agricultura, na indústria e em aglomerações urbanas também causa a deterioração da água, do ar e do solo. Dois impactos ambientais recentes são bastante exemplares desse impacto na água e no solo. Em 2010, a explosão de uma plataforma de petróleo no Golfo do México deu início a um vazamento de óleo no fundo do mar que só foi estancado três meses depois, causando um derramamento de óleo estimado entre três e quatro milhões de barris e consequências catastróficas para o meio ambiente. Em 2015, o rompimento da barragem da mineradora Samarco, em Mariana, e o derramamento de lama com resíduo de mineração causou a destruição de um vilarejo, a morte de várias pessoas e um dano ambiental de proporções ainda incalculáveis.

Portanto, em decorrência desse histórico, as organizações estão buscando gerenciar as suas atividades de modo a evitar, na medida do possível, problemas ao meio ambiente. As forças indutoras da gestão ambiental são várias. Primeiramente, a força da lei imposta pela sociedade e pelo poder público. Por exemplo, no Brasil, a Lei nº 6.803, de 2/7/1980, atribui aos estados e municípios o poder de estabelecer limites e padrões ambientais para a instalação e licenciamento das indústrias, exigindo o Estudo de Impacto Ambiental. A Lei nº 6.938, de

17/1/1981, é a lei ambiental mais importante e define que o poluidor é obrigado a indenizar danos ambientais que causar, independentemente da culpa. O Ministério Público pode propor ações de responsabilidade civil por danos ao meio ambiente, impondo ao poluidor a obrigação de recuperar e/ou indenizar prejuízos causados. Esta lei (6.938) criou a obrigatoriedade dos estudos e respectivos Relatórios de Impacto Ambiental (EIA-RIMA), que são utilizados para a obtenção da licença ambiental prévia à instalação e operação de empreendimentos. A Lei nº 12.305, de 2/8/2010, que entrou em vigor em 2014, instituiu a Política Nacional de Resíduos Sólidos (PNRS). Essa lei contém instrumentos importantes para permitir o enfrentamento dos principais problemas ambientais, sociais e econômicos decorrentes do manejo inadequado dos resíduos sólidos. Ela propõe a prevenção e a redução na geração de resíduos por meio de um conjunto de instrumentos para propiciar o aumento da reciclagem e da reutilização dos resíduos sólidos (que têm valor econômico e podem ser reciclados ou reaproveitados) e a destinação ambientalmente adequada dos rejeitos (que não podem ser reciclados ou reutilizados). Outros aspectos importantes da lei são instituição da responsabilidade compartilhada dos geradores de resíduos e a exigência de Planos de Gerenciamento de Resíduos Sólidos.

Outra força indutora da gestão ambiental nas empresas vem do próprio mercado. A exigência por parte dos elos dominantes das cadeias produtivas de certificações ambientais de empresas fornecedoras vem empurrando as empresas na direção de maior conscientização com a gestão ambiental. Exemplos de certificações são a ISO 14001, de sistema de gestão ambiental, ou certificados mais específicos de produtos como o *Ecolabel*, da Comunidade Europeia, ou o *Green Seal*, dos EUA. A maior educação e conscientização ambiental por parte dos consumidores cada vez mais exerce um papel importante para levar as empresas na direção da gestão ambiental.

Mais um aspecto importante da gestão ambiental é a percepção, por parte dos empresários, do potencial de redução de custos de produção em decorrência do melhor aproveitamento de insumos, como água e energia, ou a substituição de algum desses insumos ou ainda a redução da geração de resíduos e consequente redução de descarte de resíduos, entre outras formas de redução de custos decorrente da redução do impacto ambiental causado pela organização. Finalmente, e de extrema importância, a percepção de ganhos futuros pela associação da imagem do produto e da empresa com a redução do impacto ambiental também é um fator indutor crítico para a inovação com oportunidades de ganhos ambientais por meio de processos, produtos, sistemas de gestão e novos modelos de negócios. Os desastres ambientais destroem a natureza e junto com ela a imagem e a reputação das companhias. Quanto tempo a Samarco e a Vale precisarão para reverter a perda de valor de suas imagens frente à sociedade? Isso é difícil de calcular, assim como os impactos causados.

É nesse contexto que surgem e se justificam as práticas de gestão ambiental, discutidas a seguir.

11.2 Práticas de gestão ambiental em manufatura

A gestão ambiental tem por objetivo básico a redução do impacto ambiental causado pela atividade produtiva. O objetivo último é a busca de um equilíbrio ambiental, de forma que os efeitos de deterioração não ultrapassem a capacidade de regeneração do meio ambiente.

O primeiro passo para a gestão ambiental de uma organização é a identificação dos aspectos e impactos ambientais. O aspecto ambiental faz referência a alguma atividade ou elementos das atividades, produtos ou serviços de uma organização que interajam ou possam interagir com o meio ambiente, podendo causar um impacto ambiental.[4] A Tabela 11.2 ilustra alguns exemplos de aspectos ambientais relacionados às atividades industriais.

Tabela 11.2 Exemplos de aspectos e impactos ambientais.

Atividade/elemento	Aspecto ambiental	Impacto ambiental
Pintura	Emissão de partículas aéreas	Contaminação do ar
Fundição	Geração de resíduo de fundição	Contaminação do solo/água
Caldeiraria	Queima de combustível	Contaminação do ar
Usinagem	Uso de fluido de corte	Contaminação do solo/água
	Geração de cavaco	
Transporte	Consumo de combustível fóssil	Depleção de recursos não renováveis
		Contaminação do ar

Uma vez identificados os aspectos e impactos ambientais, o próximo passo é propor e implementar ações ou soluções que levem a eliminação ou redução do impacto ambiental dessa atividade e respectivo aspecto ambiental. A ação ou solução mais convencional é aquela que atua sobre o efeito. Aí se encaixam as soluções

---

[4] ABNT NBR ISO 14001:2015 Sistema de gestão ambiental – requisitos e orientação de uso.

de tratamento de resíduos dispensados na atmosfera, na água ou em aterros, tanto durante a produção como no descarte no fim de vida do produto. São chamadas de soluções de "fim de tubo". Por outro lado, a abordagem mais contemporânea é aquela que atua de forma preventiva sobre as causas do impacto ambiental. O objetivo é implementar ações ou soluções ecoeficientes, que levem a uma redução do efeito, portanto minimizando a necessidade das soluções de fim de tubo. As ações ou soluções que visam a redução, reutilização ou reciclagem (os 3R) se encaixam nessa abordagem para a redução do impacto ambiental.

Uma prática baseada nessa abordagem que vem ganhando espaço na indústria é produção mais limpa (*cleaner production*), também referenciada como "P+L". O conceito de produção mais limpa foi introduzido pelo PNUMA (Programa das Nações Unidas para o Meio Ambiente, ou UNEP – *United Nations Environmental Programme*) nos anos 1990. Segundo o *site* do UNEP,[5] o termo *cleaner production* foi definido como "[...] a aplicação de uma estratégia ambiental a processos, produtos e serviços para aumentar eficiência e reduzir riscos ao meio ambiente e aos seres humanos". Atualmente o UNEP adota o termo *resource efficient and cleaner production* para se referir às ações ou estratégias preventivas que promovam avanços em três frentes:

- eficiência da produção: por meio da otimização da utilização dos recursos naturais (materiais, energias e água) em todos os estágios do ciclo produtivo;
- gestão ambiental: por meio da minimização dos impactos adversos dos sistemas produtivos no ambiente;
- desenvolvimento humano: por meio da minimização dos riscos e suporte ao desenvolvimento de pessoas e comunidades.

O UNEP sugere que a implementação de projetos de produção mais limpa siga os passos ilustrados na Figura 11.1, que basicamente inclui as etapas de planejamento, avaliação, análise de viabilidade, implantação e melhoria contínua.

---

[5] Disponível em: <http://www.unep.fr/scp/cp/>.

```
┌─────────────────────────────────────────────┐
│ Reconhecer necessidade de produção mais limpa│
└─────────────────────────────────────────────┘
                      ↓
        ┌──────────────────────────┐
        │ Planejamento & organização│
        └──────────────────────────┘
                      ↓
        ┌──────────────────────────┐              
        │  Etapa de pré-avaliação  │←──────────┐
        └──────────────────────────┘           │
                      ↓                        │
        ┌──────────────────────────┐    ┌──────────────┐
        │    Etapa de avaliação    │    │ Continuação do│
        └──────────────────────────┘    │  programa de  │
                      ↓                 │   produção    │
        ┌──────────────────────────┐    │  mais limpa   │
        │ Etapa de análise de viabilidade│ └──────────────┘
        └──────────────────────────┘           ↑
                      ↓                        │
        ┌──────────────────────────┐           │
        │ Implementação e manutenção│──────────┘
        └──────────────────────────┘
                      ↓
        ┌──────────────────────────┐
        │ Avaliação de resultados do projeto│
        └──────────────────────────┘
```

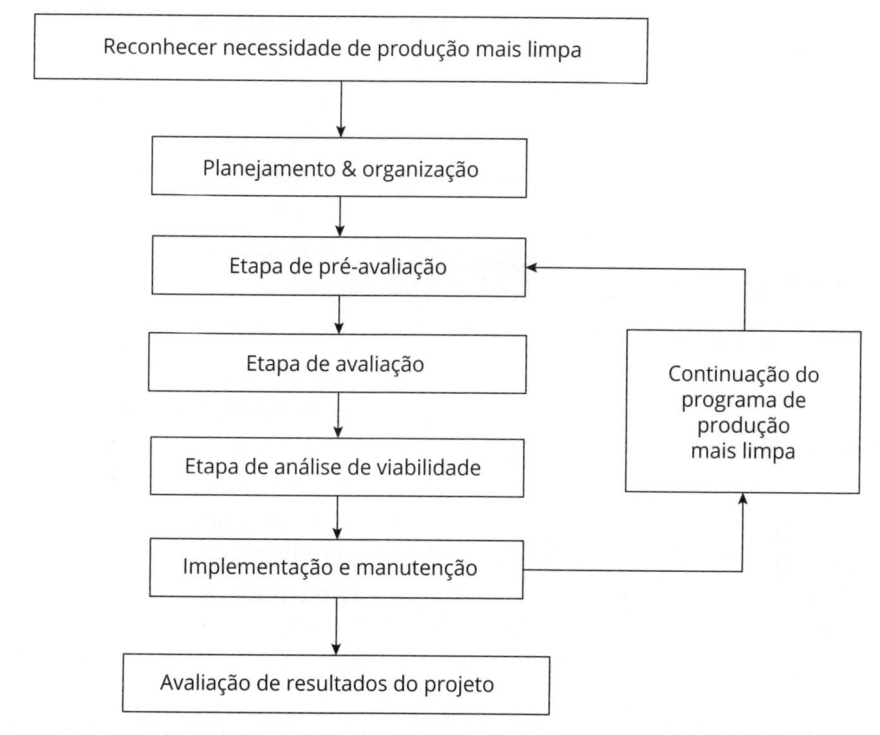

Figura 11.1 Método de implementação de produção mais limpa proposto pelo UNEP.

Na etapa de avaliação, o objetivo é identificar oportunidades para produção mais limpa e para utilização de recursos de forma mais eficiente. A avaliação para a identificação de oportunidades de melhoria deve considerar cada um dos elementos ilustrados na Figura 11.2, ou seja, materiais alternativos, mudanças em tecnologia de processo, boas práticas de operações de produção, mudanças no projeto do produto e possibilidades de reúso e reciclagem.

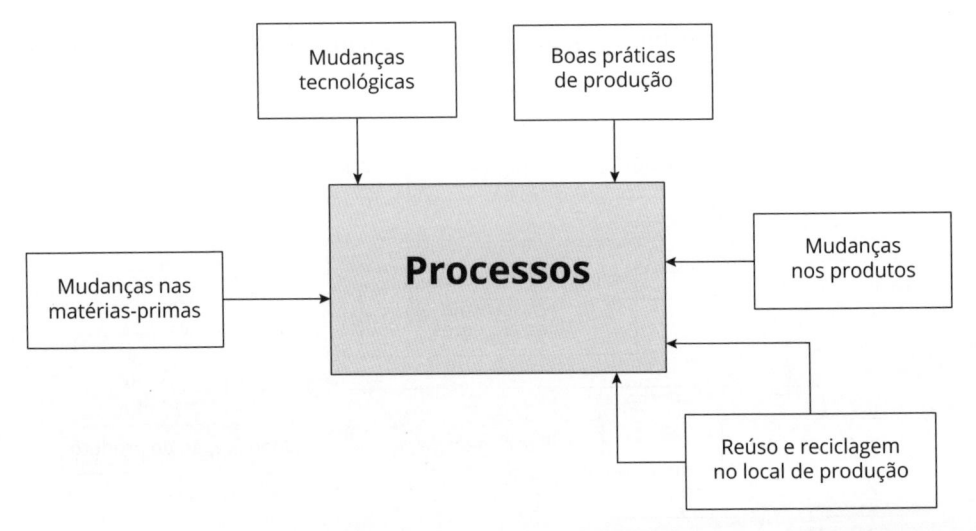

Figura 11.2 Elementos avaliados em projetos de produção mais limpa (UNEP).

Uma visão mais detalhada das possibilidades que podem ser perseguidas para produção mais limpa e ecoeficiência, proposta pela UNIDO (*United Nations Industrial Development Organization*, ou Organização das Nações Unidas para o Desenvolvimento Industrial), apresentada na Figura 11.3, considera oito possíveis abordagens, conforme segue (OMETTO, 2005):

1. manutenção adequada: prevenção de vazamentos, perdas, derramamentos, calendário de manutenção, inspeção dos equipamentos, treinamento de pessoal;
2. substituições: por material menos tóxico, por material renovável, por material com maior ciclo de vida;
3. melhoria no controle de processo: mudanças nos procedimentos de trabalho, instruções de utilização de máquinas, monitoramento dos dados do processo para facilitar a melhoria da eficiência e reduzir as perdas e emissões;
4. mudanças no equipamento: mudanças nos equipamentos de produção e auxiliares para melhorar a eficiência e diminuir as perdas e emissões;
5. mudanças na tecnologia: utilização de tecnologias menos poluentes, mudança no fluxograma de processo a fim de diminuir a cadeia produtiva;
6. reciclagem/reúso: reutilização das perdas geradas no próprio processo, para outras aplicações na empresa ou fora dela;

7. produzir o máximo que pode ser utilizado: investigar novos usos e transformação das perdas;

8. reformulação ou modificação do produto: mudanças no produto visando minimizar impactos durante a produção, o uso, a reciclagem e a disposição final.

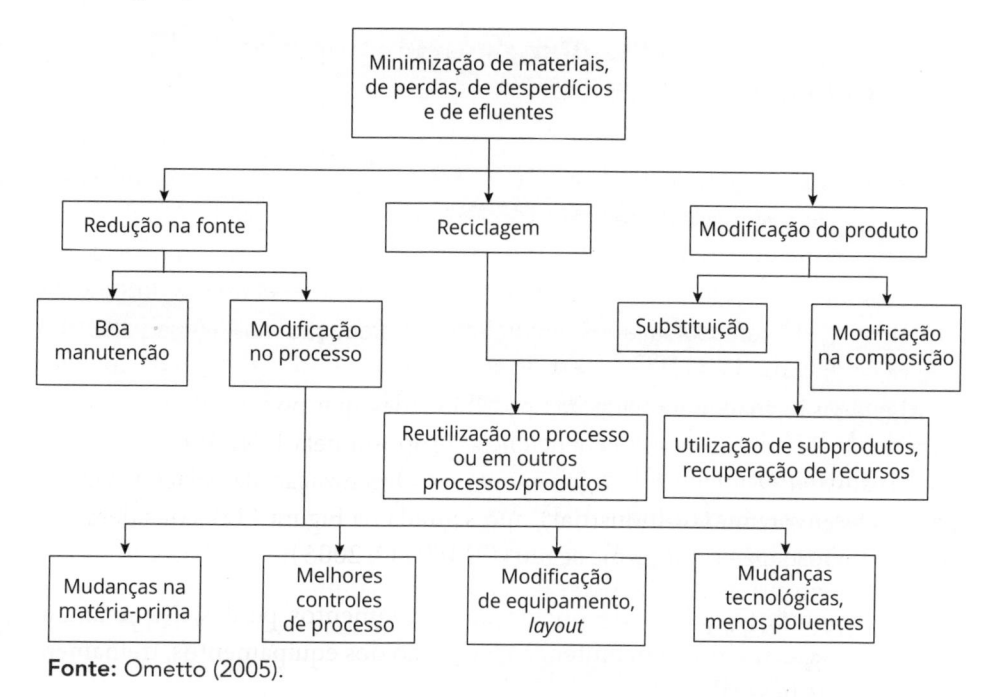

Fonte: Ometto (2005).

Figura 11.3 Abordagens para ecoeficiência e produção mais limpa.

Além da produção mais limpa, outras teorias ou programas complementares para o desenvolvimento sustentável vêm sendo desenvolvidos, como a Avaliação do Ciclo de Vida (ACV) e a Engenharia do Ciclo de Vida (ECV). A ACV é uma metodologia desenvolvida para definir o impacto ambiental do ciclo de vida de um produto ou processo. Por essa metodologia, os fluxos de matéria e energia relacionados ao ciclo de vida de um produto são medidos e relacionados às diversas categorias de impactos ambientais (OMETTO, 2005). Já a ECV é uma abordagem para desenvolvimento, produção, operação e descarte de produtos que tenham como objetivo comum a minimização dos impactos ambientais do ciclo de vida do produto.

Todas essas teorias e técnicas para o desenvolvimento sustentável podem ser aplicadas na gestão ambiental de uma empresa, como parte das ações planejadas e implementadas pelo sistema de gestão ambiental ISO 14001 de uma organização, como comentado na próxima seção.

11.3 Requisitos do sistema de gestão ambiental ISO 14001:2015

O sistema de gestão ambiental ISO 14001 também passou por revisão recente e uma nova edição foi lançada em 2015. A estrutura de alto nível das cláusulas do sistema de gestão ambiental ISO 14001:2015, assim como a ISO 9001:2015, segue a diretriz desenvolvida pela ISO[6] para a "estrutura de alto nível". Essa diretriz estabelece um padrão para a sequência de cláusulas, texto e terminologia. Portanto, as cláusulas da ISO 14001:2015 são as mesmas da ISO 9001:2015. A Figura 11.4, extraída da ISO 14001, ilustra os processos de gestão relacionados às cláusulas da norma e as relações de causa e efeito entre eles. Muito similar ao modelo da ISO 9001, ilustrado na Figura 2.8, os processos das cláusulas 6, 7, 8, 9 e 10 formam um ciclo PDCA de melhoria. Também como na ISO 9001, todos os processos dessas cláusulas dependem do papel e das atividades de liderança requeridas pela ISO 14001:2015. As informações de entrada para definição e planejamento do sistema ambiental são o contexto da organização e os requisitos dos clientes e outras partes interessadas relacionados à gestão ambiental.

---

[6] ISO/IEC Directives, – Part 1– Consolidated ISO Supplement, 2015 (Apêndice 2 do Anexo SL). Disponível em: <*www.iso.org/directives*>.

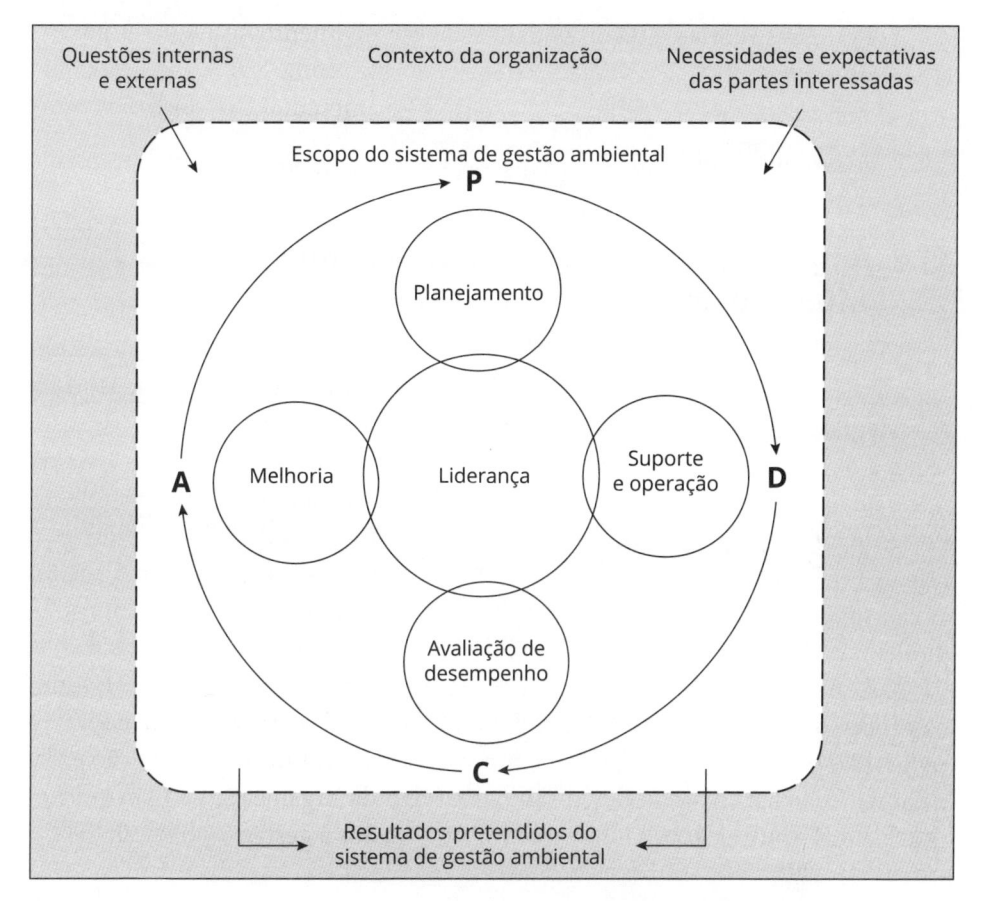

Figura 11.4 Modelo do sistema de gestão ambiental ISO 14001:2015.

Os requisitos contidos nas cláusulas da ISO 14001:2015 são muito semelhantes aos requisitos da ISO 9001:2015. As diferenças mais significativas estão concentradas nas cláusulas de planejamento (6) e operação (8). Portanto, os requisitos que se aplicam a ambas as normas já foram comentados nos Capítulos 4 a 10 e não serão repetidos aqui. Os requisitos específicos da ISO 14001:2015 em cada uma das cláusulas são apresentados e discutidos brevemente a seguir.

11.3.1 Requisitos da cláusula 4 da ISO 14001:2015

A análise de contexto prevista na cláusula 4.1 da ISO 14001:2015 complementa a análise de contexto da ISO 9001:2015 com questões ambientais relacionadas às atividades da organização. Na cláusula 4.2, a ISO 14001 estabelece que a organização deve identificar:

- as partes interessadas que tenham demandas relacionadas à gestão ambiental;
- quais são as necessidades e expectativas das partes interessadas;
- quais dessas necessidades e expectativas são exigências legais.

Na cláusula 4.3, a norma esclarece que o escopo do sistema deve ser definido em função da ponderação de várias questões. Certamente o sistema de gestão ambiental tem que incluir em seu escopo aqueles aspectos de gestão relacionados ao atendimento de exigências legais. Além disso, a organização deve considerar as unidades e instalações físicas e outros aspectos relacionados ao contexto da organização. Um ponto importante é que a ISO 14001:2015, assim como a ISO 9001:2015, *exige que a declaração de escopo seja documentada*.

Finalmente, na cláusula 4.4 a norma esclarece que a organização deve implementar e manter um sistema de gestão ambiental sem detalhar aspectos importantes sobre o projeto do sistema, como detalhado na ISO 9001:2015 e discutido no Capítulo 4 deste livro.

Um ponto importante é que, diferentemente da ISO 9001:2015, a ISO 14001:2015 não estabelece como requisito geral que a organização deva manter informação documentada sobre a operação do sistema assim como sobre registros dos resultados da operação além daquilo que é exigido minimamente, especificado nas outras cláusulas. Apesar de a norma se omitir nesse ponto, a observação presente na ISO 9001:2015 certamente se aplica ao sistema de gestão ambiental (veja a seção 4.4, Capítulo 4, deste livro).

11.3.2 Requisitos da cláusula 5 da ISO 14001:2015

A ISO 14001:2015 também estabelece que a alta gerência da organização deve assumir a responsabilidade pela eficácia (ou falta de eficácia) do sistema ambiental e portanto todas as recomendações e requisitos já discutidos na seção 5.1 do Capítulo 5 sobre o papel da liderança se aplicam à gestão ambiental.

Sobre a política ambiental, aplicam-se as mesmas exigências estabelecidas para a política da qualidade, com a diferença de que o foco está no comprometimento com a proteção do meio ambiente e com o atendimento das exigências legais. Também é exigido que a política seja mantida de forma documentada, seja comunicada internamente à organização e disponibilizada às partes interessadas.

Finalmente, a ISO 14001 também exige que sejam designados papéis funcionais para a gestão ambiental, com definição de responsabilidades e autoridades. Sobre esse requisito, ver a seção 5.3 do Capítulo 5.

11.3.3 Requisitos da cláusula 6 da ISO 14001:2015

Na cláusula 6.1, assim como na ISO 9001:2015, a ISO 14001:2015 estabelece que a organização deve determinar os riscos e oportunidades que precisem ser contemplados para assegurar que o sistema de gestão consiga atingir os resultados esperados, aumentando a chance de resultados desejáveis e prevenindo ou reduzindo a chance de efeitos indesejáveis.

Um ponto importante é que *a ISO 14001:2015 exige*:

- *documentação da avaliação, por parte da organização, dos riscos e oportunidades que precisem ser atendidos;*

- *documentação sobre os processos relacionados à determinação dos aspectos ambientais, obrigações legais e planos de ação.* O grau de detalhamento da documentação fica a critério da organização. A recomendação da norma é que a informação documentada seja suficiente para prover confiança de que as atividades de gestão serão executadas de acordo com o planejado.

Um requisito importante incluído na cláusula de planejamento do sistema de gestão é a determinação dos aspectos ambientais e respectivos impactos ambientais das atividades, produtos e serviços da organização. A norma estabelece que a organização deve determinar os aspectos ambientais a partir de uma abordagem de análise do ciclo de vida e que deve incluir os aspectos ambientais relacionados às atividades, produtos e serviços que estejam sob seu controle e também aqueles que ela possa influenciar.

Para a determinação dos aspectos ambientais, a norma estabelece que a organização deve considerar também possíveis mudanças decorrentes de desenvolvimento de novos produtos, processos ou atividades e serviços. Além disso, a organização deve considerar também, para a definição dos aspectos ambientais, situações anormais e situações de emergência que possam ser antevistas.

Um ponto importante é que a norma exige que a organização estabeleça os critérios usados para a determinação dos aspectos ambientais. *A norma pede ainda que a organização:*

- *mantenha informação documentada sobre:*
  - *os critérios usados para a determinação dos aspectos;*
  - *os aspectos e impactos ambientais identificados;*

- *comunique aos diferentes elementos organizacionais sobre os aspectos ambientais.*

Na cláusula 6.1.3, a ISO 14001:2015 estabelece que, para o planejamento e manutenção do sistema ambiental, a organização deve determinar quais são as exigências legais relacionadas aos aspectos ambientais identificados e como elas se aplicam à organização. *A norma também estabelece como requisito que a organização mantenha informação documentada sobre essas obrigações legais.*

Na cláusula 6.1.4, a ISO 14001:2015 estabelece que a organização deve planejar as ações para atender as exigências legais assim como para mitigar os impactos ambientais decorrentes dos aspectos identificados. A norma estabelece também que a organização deve planejar ações para contemplar os riscos e oportunidades para a gestão ambiental, identificados a partir da análise de riscos. As ações que a organização pode planejar e implementar são muito variadas, dependendo da situação específica. Como comentado na seção 11.2, as soluções podem ser do tipo "fim de tubo", atuando sobre o efeito, ou podem ser soluções de produção mais limpa. As Figuras 11.2 e 11.3 ilustram as várias abordagens e ações possíveis para a produção mais limpa que podem ser incorporadas ao sistema de gestão ambiental da organização.

No planejamento das ações, a organização também deve integrar essas ações no conjunto de atividades do sistema de gestão ambiental. Ou seja, parte dos objetivos do sistema deve ser relacionada a essas ações; as ações devem integrar o conjunto de atividades relacionadas às operações de gestão ambiental, como requerido pela cláusula 8; e as atividades de suporte e avaliação, requisitos das cláusulas 7 e 9, devem também contemplar essas ações planejadas.

Por fim, a cláusula 6.2 trata dos objetivos ambientais e do planejamento das ações para se atingirem tais objetivos. O texto da norma é um pouco circular, pois de certo modo os objetivos do sistema decorrem da identificação dos aspectos ambientais, exigências legais e análise de riscos e oportunidades. De qualquer forma, o sistema de gestão ambiental deve explicitar seus objetivos, que devem ser, como no caso dos objetivos da qualidade, consistentes com a política ambiental, mensuráveis e monitorados, comunicados e atualizados sempre que apropriado. Também neste caso, *a organização deve manter informação documentada sobre os objetivos ambientais e planejar ações para a consecução desses objetivos.* A norma estabelece também que o planejamento para a consecução desses objetivos deve seguir um procedimento que determine o que será feito, que recursos serão usados, quem será responsável; quando será finalizado e como os resultados serão avaliados, incluindo indicadores para avaliação de progresso.

Apesar de tratados em cláusulas separadas, a definição de política, objetivos e planos deve ser decorrente de um processo integrado de desdobramento a partir da análise de contexto, expectativas e necessidades das partes interessadas, exigências legais e riscos e oportunidades, como ilustrado na Figura 11.5 e já discutido na seção 6.2 do Capítulo 6, para o sistema da qualidade.

```
┌──────────────┐  ┌──────────────┐  ┌──────────────────┐  ┌──────────────────┐
│  Análise de  │  │  Obrigações  │  │ Expect./necess. das│  │ Análise de riscos│
│   contexto   │  │    legais    │  │partes interessadas │  │ e oportunidades  │
└──────┬───────┘  └──────┬───────┘  └─────────┬────────┘  └─────────┬────────┘
       │                 │                    │                     │
       └─────────────────┴────────┬───────────┴─────────────────────┘
                                  ▼
                   ╭──────────────────────────────╮
                   │  ┌──────────┐   ┌──────────┐ │
                   │  │ POLÍTICA │   │ASPECTOS E│ │
                   │  │AMBIENTAL │   │ IMPACTOS │ │
                   │  └──────────┘   └──────────┘ │
                   ╰──────────────┬───────────────╯
                                  ▼
                         ┌─────────────────┐
                         │    Objetivos    │
                         │   ambientais    │
                         └────────┬────────┘
                                  ▼
                   ┌──────────────────────────────┐
                   │ Planejamento de ações:       │
                   │ • Soluções de fim de tubo    │
                   │ • Soluções de P+L            │
                   │ Planejamento de SGA:         │
                   │ • Integração das ações aos   │
                   │   processos do SGA           │
                   └──────────────────────────────┘
```

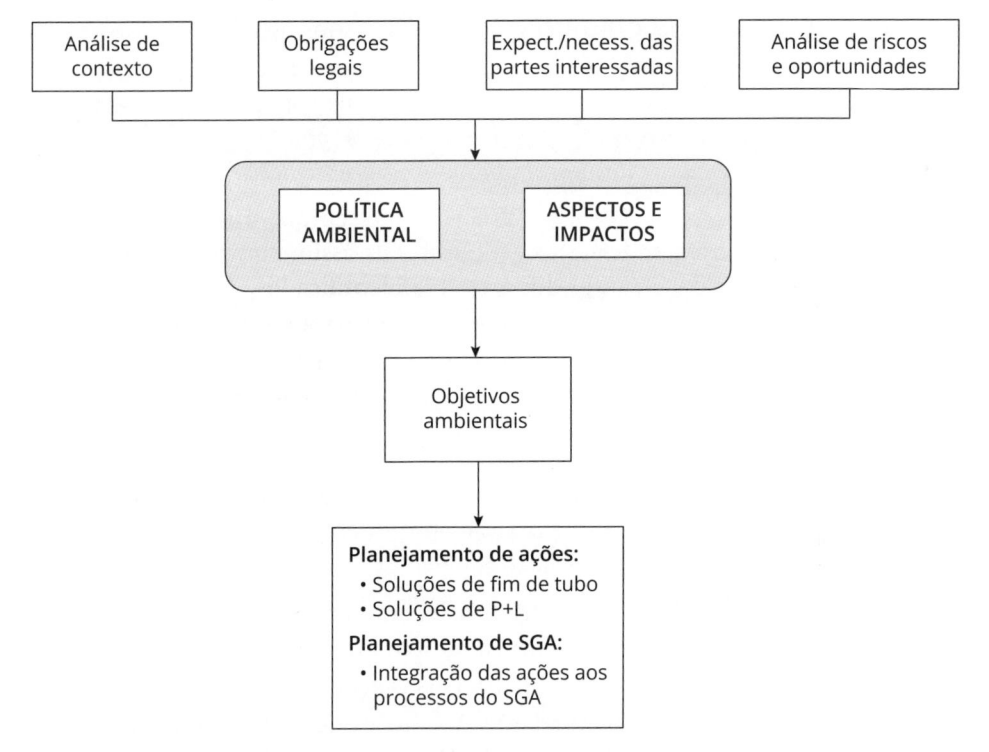

Figura 11.5 Desdobramento de aspectos ambientais, objetivos e planos do SGA.

11.3.4 Requisitos da cláusula 7 da ISO 14001:2015

A cláusula 7 da ISO 14001:2015 apresenta os requisitos de suporte ao sistema de gestão ambiental, mais especificamente sobre provisão de recursos, competências, conscientização, comunicação e documentação da informação. Os requisitos das cláusulas 7.2 a 7.5 são quase que idênticos aos definidos para o sistema de gestão da qualidade e, portanto, a descrição e os comentários feitos no Capítulo 7 se aplicam inteiramente ao SGA. Sobre o requisito de provisão de recursos, a ISO 14001:2015 não dá detalhes como no caso da ISO 9001:2015. No entanto, excetuando o requisito de rastreabilidade, os requisitos da ISO 9001:2015 de infraestrutura, ambiente de trabalho, recursos de medição e monitoramento e conhecimento organizacional, apresentados e comentados na seção 7.1 deste livro, podem ser aplicados ao SGA. Portanto, na medida do possível, ainda que não sejam requeridos pela ISO 14001:2015, a incorporação dessas atividades de gestão ao SGA só contribuirá para a melhoria da eficácia do SGA.

11.3.5 Requisitos da cláusula 8 da ISO 14001:2015

Diferentemente da ISO 9001:2015, cujos requisitos de operação focam nas operações de produção, entrega e pós-entrega, os requisitos da cláusula 8 da ISO 14001:2015 focam na operação das ações e controles para a gestão ambiental. Essa cláusula da ISO 14001:2015 inclui dois requisitos: planejamento e controle das operações (cláusula 8.1) e preparação e resposta a emergências (cláusula 8.2). Para o planejamento e o controle das operações, cláusula 8.1, a norma estabelece que a organização deve implementar e manter os processos de gestão ambiental necessários para atendimento dos requisitos estabelecidos pela norma, assim como os processos de gestão para a implementação das ações definidas a partir da análise de aspectos ambientais, riscos e oportunidades, obrigações legais e objetivos ambientais, decorrentes dos requisitos 6.1 e 6.2. Para esses processos de gestão, a ISO 14001:2015 requer que a organização estabeleça critérios de operação e controle. Em nota, a norma esclarece que os controles podem ser tanto soluções de engenharia quanto procedimentos administrativos. A norma também requer que processos terceirizados sejam controlados ou pelo menos que se exerça influência sobre o controle deles feito pelo terceiro. O tipo e a extensão do controle a ser aplicado sobre os processos devem ser definidos e explicitados no sistema de gestão ambiental.

Outro requisito importante da ISO 14001:2015, explicitado na cláusula 8.1, é que os requisitos das partes interessadas assim como os requisitos legais devem ser desdobrados em requisitos para as fases de desenvolvimento de produtos e serviços e aquisição. Assim, alinhada com a visão de gestão do ciclo de vida, a organização deve:

a) estabelecer controles, segundo a necessidade, para assegurar que os requisitos ambientais sejam considerados nos processos de projeto e desenvolvimento de produtos e serviços;

b) determinar os requisitos ambientais para a aquisição de produtos e serviços;

c) comunicar aos fornecedores os requisitos ambientais relevantes;

d) considerar a necessidade de disponibilizar informação sobre potenciais impactos ambientais.

A ISO 14001:2015 estabelece que a organização deve manter informação documentada que demonstre que os processos foram realizados conforme planejados. Mas fica a critério da organização definir o que precisa ser documentado.

Outro requisito de operação é o que trata de resposta a emergências. Na cláusula 8.2, a ISO 14001:2015 estabelece que a organização deve:

a) estabelecer e manter planos de ação para situações de emergência, com o objetivo de prevenir ou mitigar os impactos ambientais adversos causados pelos acidentes;

b) tomar ações para prevenir ou mitigar as consequências das situações de emergência compatíveis com a magnitude do acidente e de potenciais impactos ambientais;

c) testar periodicamente, quando possível, as ações planejadas para resposta a emergências;

d) revisar periodicamente os planos de ação, especialmente após a ocorrência de acidentes;

e) para as partes interessadas relevantes assim como para as pessoas trabalhando no ambiente controlado, em que acidentes podem ocorrer, prover:

   a. informações relevantes;

   b. treinamento apropriado.

Também no caso de resposta a emergências, *a ISO 14001:2015 estabelece que a organização deve manter informação documentada que demonstre que os processos foram realizados conforme planejados.* Mas de novo fica a critério da organização definir o que precisa ser documentado.

11.3.6 Requisitos das cláusulas 9 e 10 da ISO 14001:2015

Os requisitos das cláusulas 9, avaliação de desempenho, e 10, melhoria, são basicamente os mesmos da ISO 9001:2015, portanto, o leitor pode se reportar aos Capítulos 9 e 10 deste livro para detalhes sobre esses requisitos. Na cláusula 9, há um requisito específico da ISO 14001:2015, sobre avaliação de obrigações legais. *A ISO 14001:2015 determina que a organização deve estabelecer e manter procedimentos para avaliar o atendimento às obrigações legais.* A organização deve criar procedimentos determinando:

a) a frequência com que serão feitas as avaliações requeridas para o atendimento das obrigações legais;

b) a implementação de ações, se necessário, para atender às obrigações legais.

A ISO 14001:2015 requer também que a organização mantenha registros sobre os resultados das avaliações das obrigações legais.

11.4 Integração da ISO 9001:2015 com a ISO 14001:2015

Muitas organizações são solicitadas ou se prontificam a obter certificação ambiental, ISO 14001, além de certificação da qualidade, ISO 9001. Nesse caso, a melhor alternativa é implementar um único sistema de gestão, integrando os processos de gestão necessários para o atendimento dos requisitos de ambas as normas. A integração de sistemas de gestão traz vários benefícios. Os mais evidentes são:

- visão integrada, alinhamento e minimização da chance de conflitos de decisões e ações relacionadas aos sistemas de gestão;
- sinergia na utilização das técnicas para gestão de melhoria e tomada de decisão;
- integração e enxugamento de documentação;
- auditorias e certificações integradas;
- redução de custos de manutenção dos sistemas.

As estruturas de cláusulas das edições de 2015 da ISO 9001 e da ISO 14001 foram padronizadas justamente para facilitar a integração dos sistemas em um único sistema de gestão. Não existe um padrão de sistema de gestão integrado (SGI) nem um jeito único de se promover a integração. A maioria das organizações implementa primeiro o sistema de gestão da qualidade e depois o sistema de gestão ambiental. A integração dos requisitos viabilizadores é bastante evidente e de mais fácil integração. Por exemplo, integrar os processos de gestão relacionados aos requisitos das cláusulas de liderança (5) ou suporte (7) é mais imediato, pois apesar de os fins serem diferentes, os processos de gestão para atendimento dos requisitos das normas são similares. O mesmo pode ser dito para outros requisitos, como os da cláusula 4, contexto da organização, parte dos requisitos da cláusula 6, de planejamento, avaliação de desempenho, cláusula 9, e melhoria, cláusula 10. Já os requisitos relacionados à operação, cláusula 8, e os requisitos de planejamento de ações para tratar riscos e oportunidades, cláusula 6.1, requerem processos de gestão específicos. Mas apesar de requererem procedimentos de distintos, em alguns casos, esses processos de gestão podem ser complementares. Por exemplo, na produção, o processo de planejamento e controle da produção referente à gestão da qualidade (requisito 8.1 da ISO 9001:2015) pode ser complementado com questões relativas ao processo de gestão de planejamento e controle da produção referentes à gestão ambiental (requisito 8.1 da ISO 14001:2015). Em processos relacionados ao cliente (8.2), requisitos de produto, definidos pelo cliente, podem incluir requisitos de gestão ambiental. Em projeto e desenvolvimento (8.3), aquisição (8.4), operação (8.5) e liberação (8.6), os procedimentos de gestão da qualidade podem ser complementados com ações de produção mais limpa (ver a seção 11.2). Nestes casos, a integração propícia e sinergia no atendimento dos requisitos de gestão da qualidade e ambiental.

As Tabelas de 11.3 a 11.8 apresentam uma proposta para a implementação de um sistema de gestão integrado (SGI) considerando os requisitos da ISO 9001:2015 e da ISO 14001:2015. Como já comentado, não existe um jeito único de se promover a integração dos sistemas em um sistema integrado. Portanto, as orientações apresentadas nas tabelas são apenas sugestões para guiar incialmente a construção de um SGI da qualidade e meio ambiente. Os procedimentos de gestão sugeridos nas tabelas não são necessariamente documentados. Como estabelecido pela ISO em ambas as normas, fica a critério da organização documentar ou não os procedimentos de gestão.

Finalmente, os procedimentos de gestão definidos pela organização para os seus SGIs resultarão em graus variados de integração dos sistemas. A caracterização do grau de integração de SGI é o objetivo de um estudo desenvolvido por Poltronieri et al. (2016).

Tabela 11.3 Proposta de implementação de SGI para os requisitos da cláusula 4.

Requisito	Procedimentos de gestão	Registros	Time de trabalho para implementação do SGI	Observação
4.1 Contexto da organização	Único; análise conjunta integrando as dimensões de gestão da qualidade e ambiental.	Não necessário, mas único se existente.	Análise conjunta por todos os membros do time de trabalho.	
4.2 Expectativas e necessidades das partes interessadas	Único; análise conjunta das necessidades e expectativas de gestão da qualidade e ambiental.	Não necessário, mas único se existente, e detalhando em separado necessidades e expectativas das partes com relação às dimensões da qualidade e ambiental.	Análise conjunta por todos os membros do time de trabalho.	
4.3 Escopo do sistema	Único, integrando a análise dos fatores determinantes do escopo.	Único, mas detalhando em separado os escopos da gestão da qualidade e da gestão ambiental.	Análise por subgrupos separados e decisão final conjunta.	
4.4 Sistema de gestão	Único; procedimento geral para determinação dos processos de gestão necessários, da interação entre eles e outros detalhes.	Não necessário, mas único se existente, integrando os resultados do projeto de SGI.	Análise conjunta por todos os membros dos requisitos comuns. Análise por subgrupos separados para aqueles requisitos diferentes.	O texto da ISO 9001:2015 é mais orientativo sobre como proceder para atender a esse requisito. Esse requisito complementa e se sobrepõe aos requisitos de planejamento.

Tabela 11.4 Proposta de implementação de SGI para os requisitos da cláusula 5.

Requisito	Procedimentos de gestão	Registros	Time de trabalho para implementação do SGI	Observação
5.1 Liderança e comprometimento	Único, explicitando a cultura da organização quanto à gestão da qualidade e ambiental e quanto ao papel da liderança.	Não necessário, mas único se existente.	Análise conjunta por todos os membros do time de trabalho.	A ISO 9001:2015 detalha na cláusula 5.1.2 o papel da liderança para assegurar foco no cliente. A mesma orientação pode ser seguida para assegurar foco nas partes interessadas com a gestão ambiental.
5.2 Política	Único, análise e discussão conjunta para a definição da política da qualidade e ambiental.	Único, detalhando a política da empresa.	Análise conjunta por todos os membros do time de trabalho.	
5.3 Papéis, autoridade e responsabilidade	Único, para a definição dos papéis, autoridade e responsabilidades dos membros da organização para gestão integrada da qualidade e ambiental.	Não necessário, mas único se existente, detalhando papéis, autoridades e responsabilidades pelos diferentes processos do SGI.	Análise conjunta por todos os membros do time de trabalho.	O texto da ISO 9001:2015 para esse requisito é mais completo e pode ser usado para o atendimento desse requisito.

Tabela 11.5 Proposta de implementação de SGI para os requisitos da cláusula 6.

Requisito	Procedimentos de gestão	Registros	Time de trabalho para implementação do SGI	Observação
6.1 Ações para tratar riscos e oportunidades	A análise é bastante diferente e requer procedimentos diversos. Pode ser um procedimento geral único, desdobrando-se em procedimentos específicos mas complementares.	Único, mas detalhando em separado riscos, oportunidades e planos de ação.	Análise por subgrupos separados e decisão final conjunta.	A ISO 14001:2015 requer determinação de aspectos ambientais e obrigações legais, específicos da gestão ambiental. A ISO 14001:2015 exige manutenção de registros. A ISO 9001:2015 não exige manutenção de registros.
6.2 Objetivos e planos	Único; desdobramento de objetivos e planos de ação conjuntos, integrando as dimensões da qualidade e ambiental.	Único, mas detalhando em separado objetivos e planos.	Análise por subgrupos separados e decisão final conjunta.	
6.3 Planejamento de mudanças	Único, considerando o SGI.	Não necessário, mas único se existente.	Análise conjunta por todos os membros do time de trabalho.	A ISO 14001:2015 não inclui esse requisito, mas ele deve ser contemplado pelo SGI.

Tabela 11.6 Proposta de implementação de SGI para os requisitos da cláusula 7.

Requisito	Procedimentos de gestão	Registros	Time de trabalho para implementação do SGI	Observação
7.1 Recursos	Único de um modo geral, mas especificando as necessidades de pessoas, infraestrutura, ambiente e equipamentos de medição para a gestão da qualidade e, quando aplicável, para a gestão ambiental.	Necessário apenas para equipamentos de monitoramento e medição. De resto, se existente, pode detalhar as necessidades em separado.	Análise por subgrupos separados e decisão final conjunta.	Na ISO 9001:2015 é bastante detalhado. Subdivide-se em requisitos de determinação de necessidades quanto a pessoas, infraestrutura, ambiente de trabalho, equipamentos de medição e conhecimento organizacional. A ISO 14001:2015 é bastante superficial nesse requisito. O SGI deve atender à ISO 9001:2015.
7.2 Competência	Único, considerando o SGI.	Necessário apenas para o requisito de competência. Sugere-se que seja único. De resto, se existente, pode ser único.	Análise conjunta por todos os membros do time de trabalho.	
7.3 Conscientização				
7.4 Comunicação				
7.5 Documentação				

Tabela 11.7 Proposta de implementação de SGI para os requisitos da cláusula 8.

Requisito	Procedimentos de gestão	Registros	Time de trabalho para implementação do SGI	Observação
8.1 Planejamento e controle de operação	Único de um modo geral, mas especificando critérios e controles para gestão ambiental e gestão da qualidade nas diferentes etapas do ciclo produtivo.	Não necessário, mas único se existente.	Análise por subgrupos separados e decisão final conjunta.	O planejamento das operações é uma boa oportunidade para identificar sinergias entre a gestão da qualidade e ambiental na produção. Além disso, é uma boa oportunidade para implementar o conceito de gestão do ciclo de vida do produto, considerando as etapas de projeto e desenvolvimento e aquisição.
8.2 Preparação e resposta à emergência	É um requisito específico de gestão ambiental. No entanto, deve ser integrado aos procedimentos operacionais padrão para gestão da qualidade.	Registro específico de gestão ambiental.	Análise pelo subgrupo de gestão ambiental. Análise conjunta posterior para integração com outros procedimentos.	

Continua

Requisito	Procedimentos de gestão	Registros	Time de trabalho para implementação do SGI	Observação
8.3 Requisitos de produtos e serviços	É um requisito específico do sistema da qualidade, mas que pode ser complementado pela gestão ambiental. Os procedimentos para determinação e revisão de requisitos de produtos devem considerar também os requisitos ambientais.	Registro específico de gestão da qualidade, mas complementado pela integração com a gestão ambiental.	Análise pelo subgrupo de gestão da qualidade. Análise conjunta posterior para integração com a gestão de requisitos ambientais.	
8.4 Projeto e desenvolvimento	São requisitos específicos do sistema da qualidade. No entanto, a análise desses processos a partir dos conceitos de gestão do ciclo de vida e produção mais limpa pode permitir a implementação de ações de gestão ambiental, integrando ações para gestão de requisitos da qualidade e ambientais.	Registros específicos relacionados à gestão da qualidade e, se for o caso, à gestão ambiental.	Análise pelo subgrupo de gestão da qualidade. Análise em paralelo pelo subgrupo de gestão ambiental. Análise conjunta posterior para integração com a gestão de requisitos ambientais.	Os conceitos de gestão do ciclo de vida e produção mais limpa se aplicam especialmente a esses processos do ciclo de vida do produto (ver seção 11.2). Portanto, um alto grau de integração entre os sistemas de gestão pode ser obtido a partir da análise integrada dos requisitos de minimização de não conformidades e impactos ambientais.
8.5 Controle de produtos adquiridos				
8.6 Produção				
8.7 Liberação				
8.8 Controle de produtos não conformes	Requisito específico para controle de conformidade. Talvez algum requisito ambiental possa ser integrado no procedimento de controle.	Registros específicos relacionados à gestão da conformidade.	Análise pelo subgrupo de gestão da qualidade; decisão final conjunta.	

Tabela 11.8 Proposta de implementação de SGI para os requisitos das cláusulas 9 e 10.

Requisito	Procedimentos de gestão	Registros	Time de trabalho para implementação do SGI	Observação
9.1 Monitoramento, medição, análise e avaliação	Único, mas considerando as especificidades de avaliação de desempenho em gestão da qualidade e ambiental.	Registros específicos sobre resultados de avaliação de desempenho da qualidade e ambiental, conforme requeridos pelas normas.		A ISO 14001:2015 especifica como requisito adicional a avaliação de desempenho em gestão ambiental com relação às obrigações legais.
9.2 Auditoria interna	Único, integrando os procedimentos e o processo de auditoria da qualidade e ambiental.	Registros sobre resultados de auditoria, considerando requisitos de ambos os sistemas.	Análise por subgrupos separados e decisão final conjunta.	Os textos da ISO 9001:2015 e da ISO 14001:2015 para esses requisitos são bastante semelhantes, mas a ISO 9001:2015 é um pouco mais detalhada e deve ser usada como referência para projeto do SGI.
9.3 Análise crítica	Único; análise crítica pela gerência do SGI, considerando requisitos de gestão ambiental e da qualidade.	Registros sobre resultados das análises, considerando os requisitos de ambas as normas.		
10. Melhoria	Único; procedimento de melhoria do SGI, considerando o desempenho e oportunidades de melhoria da gestão ambiental e da qualidade.	Registros sobre não conformidades e resultados de ações para melhoria de desempenho.		

Referências

ABNT. NBR ISO9000:2015 – Sistema de gestão da qualidade – fundamentos e vocabulário.

ABNT. NBR ISO9001:2015 – Sistema de gestão da qualidade – requisitos.

_____. NBR ISO14001: 2015 – Sistema de gestão ambiental – requisitos e orientação de uso.

CAMPOS, F. *Controle da qualidade total no estilo japonês*. Nova Lima: Falconi, 2014.

CAMPOS, V. *Gerenciamento pelas diretrizes*. Nova Lima: Falconi, 2013.

CARPINETTI, L. C. R. *Gestão da qualidade*: conceitos e técnicas. São Paulo: Atlas, 2016.

COSTA, A. F.; EPPRECHT, E.; CARPINETTI, L. C. R. *Controle estatístico da qualidade*. São Paulo: Atlas, 2004.

DEMING, W. E. *Qualidade*: a revolução da administração. São Paulo: Saraiva, 1990.

FEIGENBAUM, A. V. *Total quality control*. New York: McGraw-Hill, 1991.

GOETSCH, D.; DAVIS, S. *Introduction to total quality*. New York: Macmillan, 1994.

GOLEMAN, D. What makes a leader? *Harvard Business Review*, p. 93-102, Nov./Dec. 1998.

_____. Liderança que traz resultados. *HBR*, 2010.

ISO/IEC. Directives, Part 1– Consolidated ISO Supplement, 2015.

JURAN, J. M. *Planejando para a qualidade*. São Paulo: Pioneira, 1990.

KAPLAN, R.; NORTON, D. P. *A estratégia em ação*. Rio de Janeiro: Campus, 1996.

KOTTER, J. P. What leaders really do. *Harvard Business Review*, p. 102-111, May/June 1990.

LIMA JUNIOR Francisco Rodrigues et al. Gestão da qualidade e desempenho de fornecedores. In: OLIVEIRA, Otávio José de (Org.). *Gestão da produção e operações*. São Paulo: Atlas, 2014. p. 287-311.

NEELY, A.; ADAMS, C.; KENNERLEY, M. *The performance prism*: the scorecard for measuring and managing business success. Upper Saddle River: Prentice Hall, 2002.

NONAKA, I.; TAKEUCHI, H. *Criação do conhecimento nas empresas*. Rio de Janeiro: Campus, 2008.

OMETTO, A. R. *Avaliação do ciclo de vida do álcool etílico hidratado combustível pelos métodos EDIP, Exergia e Emergia*. 2005. Tese (Doutorado) – EESC-USP, São Carlos.

PLATTS, K. W.; GREGORY, M. J. Manufacturing audit in the process of strategy formulation. *Int. J. of Operations and Production Management*, v. 10, n. 9, p. 5-26, 1991.

POLTRONIERI, C. F.; GEROLAMO, M.; CARPINETTI, L. C. R. Um instrumento para avaliação de sistemas de gestão integrados. *Gestão & Produção*, 2016. Disponível em: <http://dx.doi.org/10.1590/0104-530X1697-14>.

ROTONDARO, G. R. et al. *Seis Sigma*: estratégia gerencial para a melhoria de processos, produtos e serviços. São Paulo: Atlas, 2002.

SHIBA, S.; GRAHAM, A.; WALDEN, D. *A new American TQM*: four practical revolutions in management. New York: Productivity Press, 1993.

TAKAHASHI, Y.; OSADA, T. *TPM / MPT*: Manutenção Produtiva Total. 4. ed. São Paulo: IMAN, 2010.

WOMACK, J.; JONES, D. *Lean thinking*. New York: Free Press, 2010.